Edition Methusalem

Taschenlexikon

FENG-SHUI Glücksbringer

- Glücksbringer für Liebe, Gesundheit, Glück, Erfolg und langes Leben nach den Erkenntnissen des Glücksbringer-Feng-Shui

- Mit Heilwirkungen aus der chinesischen Medizin

Feng-Shui ist die chinesische Lehre von mehr Liebe, Gesundheit, Erfolg und einem glücklichen langen Leben. Sie beruht auf einfachen, uralten Erkenntnissen darüber, daß Glück kein Zufall ist, sondern durch glückbringende Energien bewußt herbeigeführt werden kann. Die Chinesen haben schon vor langer Zeit erkannt, daß wir Menschen uns körperlich trimmen und geistig bilden können, soviel wir wollen, ob wir wirklich glücklich, gesund und erfolgreich sind, hängt letztlich doch davon ab, ob das Glück mit uns ist. Glück wird in China mit einem guten Feng-Shui und positiven Lebensenergien gleichgesetzt und beruht auf der einfachen Erkenntnis, daß gute Energien auch Gutes bewirken, während schlechte Energien für Unglück und Unheil verantwortlich sind. Im Glücksbringer-Feng-Shui geht es deshalb darum, das persönliche Umfeld so stark mit glükkbringenden Energien anzureichern, daß das ganze Leben in all seinen Bereichen überwiegend von Freude, Liebe, Erfolg und Gesundheit erfüllt ist.

Negative Energien sind für Unglück und Unheil verantwortlich. Sie entspringen einem schlechten Feng-Shui und werden deshalb auch als giftige Pfeile und tödlicher Atem bezeichnet. Ein schlechtes Feng-Shui erzeugt das genaue Gegenteil von Glück! Es kann großen Schaden anrichten und sich sehr nachteilig in allen Lebensvereichen auswirken. Egal, ob es ihr privates Glück, Liebesglück oder Familienleben zerstört, ob es Ihnen wirtschaftlichen Schaden, beruflichen Mißerfolg und finanzielles Unglück beschert, ein Unglück nach dem anderen bringt, oder krank macht, wichtig ist, daß Sie erkennen, daß negative Energien, die in China als schlechtes Feng-Shui bezeichnet werden, die wahren Ursachen dafür sein können. Schützen Sie sich davor und umgeben Sie sich mit gutem Feng-Shui. Dank den in diesem Buch beschriebenen Glücksbringern ist dies sehr einfach. Die Überlieferungen hierfür wurden der uralten »Feng-Shui-Schule der Glücksbringer« entnommen. Diese Feng-Shui-Schule ist aus traditionellen Feng-Shui-Praktiken hervorgegangen und hat sich aufgrund ihrer einfachen Handhabung und des großen Erfolges als eigenständige Feng-Shui-Praxis etabliert. Glücksbringer-Feng-Shui beruht auf der Erkenntnis, daß bestimmte Glücksbringer ein positives Umfeld erzeugen und bestimmte Energien anziehen, die für das vielfältige menschliche Glück sehr vorteilhaft sind. Sie versorgen ihren Besitzer mit Glück und erfüllen dessen Umfeld mit positiven Energien für das gewünschte Feng-Shui. Negative Energien werden zurückgedrängt und so weitläufig vertrieben, daß sie keinen Schaden mehr anrichten können. Hinzu kommt, daß Feng-Shui-Glücksbringer handlich sind und einfach angewendet werden können. Es bedarf keines Kompasses und keinerlei Berechnungen. Verwenden Sie die gewünschten Glücksbringer als Ergänzung zu anderen Feng-Shui-Techniken, stellen Sie sie überall dort auf, wo Sie sich überwiegend aufhalten und tragen Sie sie als Glücksbringer und zum Schutz bei sich. Wir wünschen Ihnen viel Glück.

Feng-Shui Glücksbringer für: Zuhause

Feng-Shui-Glücksbringer für: Wohlstand, Reichtum und Vermögen

Feng-Shui-Glücksbringer für: Harmonisches Familienleben

Feng-Shui-Glücksbringer für: Erfolg und Karriere am Arbeitsplatz

Feng-Shui-Glücksbringer für: Liebe, Ehe und Partnerschaft

Feng-Shui Glücksbringer für: Mutterglück, Schwangerschaft und Kinderglück

Feng-Shui-Glücksbringer für: Beziehungsglück, privates Glück, Freundschaft und soziale Kontakte

Feng-Shui Glücksbringer für:
Partnersuchende und Singles

Feng-Shui Glücksbringer für:
Heilung, Gesundheit und ein langes Leben

Feng-Shui-Lexikon von A-Z

Kristall-Buddhas für gutes Schlafzimmer-Feng-Shui

Albträume lindern

Nirgendwo sind positive Energien wichtiger als im Schlafzimmer. Denn hier verbringen Sie mehr Zeit als an irgend einem anderen Ort. Hinzu kommt, daß Sie im Schlaf einem eventuell vorhandenen negativen Schlafzimmer-Feng-Shui machtlos ausgeliefert sind. Es führt zu Schlafstörungen, Krankheiten, Albträumen, Streit, Depressionen, Ängsten, Mißverständnissen, Streß, inneren Anspannungen und seelischen Erkrankungen.

Depressionen Ängste

Beziehungsglück

Wenn Sie und Ihr Partner über längere Zeit einem schlechten Schlafzimmer-Feng-Shui ausgesetzt sind, dann kann sich dies auch sehr negativ auf Ihr Beziehungsglück auswirken. Schlechte Laune, häufiges Streiten, Intoleranz, nachlassende Liebesgefühle und schmerzhafte Trennungen können typische Folgen sein. Schützen Sie sich!

Liebesglück Eheglück

Im Feng-Shui werden hierfür lachende Glücksbuddhas verwendet, die in Kristallglas mit Regenbogen eingraviert sind. Sie sorgen für ein besonders gutes Feng-Shui im Schlafzimmer, was sich wiederum auch sehr positiv auf das Liebesglück, das Glück der ganzen Familie und die Gesundheit auswirken kann. Stellen Sie diesen Feng-Shui-Glücksbringer links und rechts neben dem Bett auf. Er sorgt für einen guten, erholsamen Schlaf, schützt Ihre Beziehung, fördert das Liebesglück und stärkt das Eheglück in besonderem Maße.

FENG-SHUI TIP:

Schlafzimmer-Tabus S. 114
Betten S. 105

Rosenquarzherzen für die Liebe

Rosenquarz-Herzen spielen eine wichtige Rolle für dauerhaftes Liebesglück. Sie werden im Feng-Shui auch zur Stärkung des Ehe- und Familienglücks verwendet und als Wohnung der Liebesgötter verehrt. Ihre Glücksenergien haben liebesstärkende Kräfte und werden deshalb als Liebesbeweis verschenkt, wie bei uns rote Rosen. Hierdurch soll das eigene Herz für immer mit dem des geliebten Menschen verbunden werden.

In der Partnerschaft schützen Rosenquarz-Herzen vor einem negativen Beziehungs-Feng-Shui, das dazu führen kann, daß Partner sich voneinander abwenden, vernachlässigen, kaum noch Zärtlichkeiten austauschen, nicht mehr miteinander reden und sich letztlich voneinander trennen. Chinesischen Auffassungen zufolge ist ein negatives Beziehungs-Feng-Shui die größte Ursache für absterbende Liebesgefühle und Unglück in der Liebe, Ehe und Partnerschaft. Es kann sogar langjährige tiefgründige Beziehungen in kurzer Zeit zerstören.

Rosenquarzherzen schützen davor! Sie stärken das beidseitige Liebesglück in besonderem Maße, bringen frische Impulse in die Beziehung ein und sorgen für mehr Zuneigung, Offenheit, Hingabe, Vertrauen, Sehnsucht, Treue und partnerschaftliche Erfüllung. Rosenquarzherzen sorgen für unendliche Liebe, tragen zu einer glücklichen, dauerhaften Liebesbeziehung bei und sorgen dafür, daß die Liebe nie vergeht. Sie sollten von beiden Partnern gleichzeitig getragen werden. Hierdurch wird das gemeinsame Liebesglück besonders geschützt, gestärkt und sogar verdoppelt.

Buddha für Liebesglück Seite 103

FENG-SHUI TIP:
Geschenke bringen Glück
Seite 108

Ein echter Liebesbeweis

Glück in der Liebe

Doppeltes Liebesglück

FENG-SHUI TIP:
Liebesglück und Treue
S. 111 und 116

Rosenquarz für privates und berufliches Glück

Mehr Glück und Wohlstand für die ganze Familie

Liebesbereiche aktivieren und Beziehungsglück stärken

Für Kinder zum Schutz vor negativen Einflüssen aller Art.

Fördert Wohlstand und sichert Ihren Arbeitsplatz

Prüfungsglück und Lernerfolg

FENG-SHUI TIP:

Beziehungsglück S. 105

Rosenquarz eignet sich bestens zum Aktivieren von privatem und beruflichem Glück. Im Wohnzimmer aufgestellt stärkt er das häusliche Glück und sichert das Wohlergehen der ganzen Familie. Er fördert die Harmonie unter allen Angehörigen und zwischen den Familienmitgliedern unterschiedlicher Generationen. Im Schlafzimmer aktiviert er die Liebesbereiche beider Partner und fördert somit auch das partnerschaftliche Beziehungsglück.

Rosenquarze sind hervorragende Glücksbringer für privates Glück, was sich gleichermaßen positiv auf die Liebe, das familiäre Glück, Gesundheit und den Erfolg aller auswirken kann. Mit Rosenquarz läßt sich Streit und Disharmonie schlichten und ein positves Feng-Shui für mehr Einigkeit, Zusammengehörigkeit und Vertrauen erzeugen. Im Kinderzimmer fördern Rosenquarze die geistige, körperliche und seelische Entwicklung Ihrer Kinder in besonderem Maße. Sie schützen die zarte Kinderseele vor negativen Einflüssen, Unheil und Unglück.

Im Arbeitszimmer, im Büro auf dem Schreibtisch aufgestellt, oder in einem Samt- oder Seidentäschchen bei sich getragen, zieht der Rosenquarz die Glücksenergien magisch an, die für Karriere, Wohlstand, Einkommensverbesserungen und Erfolg förderlich sind. Rosenquarz bringt Anerkennung, Ansehen, einen guten Abschluß, gute schulische Leistungen und einen sicheren Arbeitsplatz. Unter Kollegen sorgt der Rosenquarz für ein gutes Arbeitsklima, erfreuliche und ergiebige Zusammenarbeit, Kreativität und Motivation.

Hämatit
Schützt vor schlechtem Feng-Shui

Dieser Glücksbringer besitzt heilende, schützende und Glück bringende Kräfte zugleich. Er saugt negative Energien ab, die auch als schlechtes Feng-Shui bekannt sind und in China als die wahren Ursachen für die meisten Krankheiten, Unfälle, Mißverständnisse, Trennungen, vorzeitigen Alterserscheinungen, Unheil, Mobbing, finanziellen Verluste und sogar für den vorzeitigen Tod angesehen werden.

Computerstrahlen

Hämatit-Spiegelsteine eignen sich auch hervorragend zum Absorbieren von Computerstrahlen. Siehe auch S. 50 und 77

Negative Energien bringen großes Unglück

Negative Energien erzeugen das genaue Gegenteil von Glück. Sie senden giftige Pfeile aus, die eine Reihenfolge von Mißgeschicken, Unglücken und Krankheiten auslösen. Meist befinden sie sich in sogenannten toten Ecken, unter dem Bett, unter dem Dach und überall dort, wo sich unter anderem auch Staub gerne ansammelt. Positive Lebensenergien können von schlechtem Feng-Shui erstickt werden und deshalb nicht mehr ausreichend zirkulieren. Sie sterben ab und verbreiten in der ganzen Wohnung einen unangenehmen Hauch von Unbehaglichkeit und Unglück. Das kann sich sehr negativ auf die Lebensbereiche aller Angehörigen auswirken. Polierte Hämatit-Steine schützen davor! Sie saugen negative Energien auf, wandeln sie in positive Glücks-Energien um und versorgen kraftlose Wohnbereiche mit frischen Lebensengerien. Hämatit aktiviert verborgene Glücksquellen, reinigt Körper, Geist und Seele und bringt ein gutes Feng-Shui für mehr Freude, Glück, Erfolg und Gesundheit.

FENG-SHUI TIP:

Giftige Pfeile
Seite 109

Polierte Hämatitsteine sollten in jedem Zimmer der Wohnung und auf dem Schreibtisch am Arbeitsplatz stehen. Schmeichelsteine in der Tasche sind hervorragende Beschützer vor negativen Einflüssen aller Art.

Feng-Shui Amulett: Schutzdrache zum Schutz vor Bösem und als Schutzengel

Hämatit-Kugeln zum Schutz vor Handystrahlen

Kugeln aus Hämatit spielen im Feng-Shui eine wichtige Rolle. Sie besitzen heilende und schützende Kräfte zugleich. Das bezieht sich nicht nur auf negative Energien und negative Energienester, die nach den Überlieferungen des Feng-Shui die wahren Ursachen für schwere Krankheiten und Unglück sind, sondern auch auf negative Computerstrahlen, Handy-Strahlen und Elektrosmog, die für ein schlechtes Feng-Shui mitverantwortlich sind. Auch Pechsträhnen und ständiges Unheil können typische Folgen sein. Hämatit-Kugeln verbessern die Raumenergie und versorgen Ihr Zuhause, den Arbeitsplatz und Ihr Gemüt mit frischen Lebensenergien, damit Ihre Umgebung mit gutem Feng-Shui und mehr Glück für alle Lebensbereiche erfüllt wird. Im Schlafzimmer, neben und unter dem Bett, spielen Hämatit-Kugeln für Wohlbefinden, Gesundheit, Liebesglück, Eheglück, Erfolg und das Glück der ganzen Familie eine besonders wichtige Rolle. Von der Schlafqualität hängen nämlich auch viele andere Lebensbereiche ab und ein schlechtes Schlafzimmer-Feng-Shui kann Sie in kürzester Zeit ins Unglück stürzen. Hämatit-Kugeln schützen davor.

Computer-, Handystrahlen und Elektrosmog

Pechsträhnen beenden

Stellen Sie Hämatit-Kugeln überall da auf, wo Sie negative Energieherde vermuten. Orte an denen Sie sich nicht gerne aufhalten, wo viel gestritten wird und wo eine gespannte Atmosphäre herrscht, sind typische Beispiele dafür. Aber auch unter dem Bett, auf elektrischen Anlagen, Fernsehern, Computern, im Kinderwagen, links und rechts vom Ehebett, neben dem Kinderbett, im Auto an einem sicheren Platz, im Büro auf dem Schreibtisch und im Eingangsbereich Ihrer Wohnung sollte dieser wichtige Feng-Shui-Glücksbringer zur Abwehr von negativen Kräften aller Art und zum Schutz vor schlechtem Feng-Shui nicht fehlen.

FENG-SHUI TIP:
Unglück
Seite 115

Kristall-Herzen aus rotem Kristallglas für doppeltes Liebesglück

Glücksherzen aus rotem Kristallglas werden in ganz Asien als Liebessymbole verehrt. Sie sorgen für ewige, gegenseitige innige Liebe, Romantik, Treue und Zusammengehörigkeit und tragen dazu bei, daß die Liebe nicht zerbricht. Kristall-Herzen schützen vor einem negativen Liebes-Feng-Shui, das die Liebe zweier Menschen systematisch untergraben und zerstören kann. Gemeinsam von beiden Partnern getragen sorgen sie dafür, daß Ihre Herzen für immer füreinander schlagen und die Liebe nicht vergeht. Sie schützen die Partnerschaft vor Unheil, Untreue, Kummer und schmerzhaften Trennungen, stärken das gegenseitige Liebes- und Eheglück und sorgen dafür, daß Sie mit Ihrem Partner lange glücklich sind.

Ewige Liebe und Treue

Paarweise getragen können rote Kristall-Herzen das Liebesglück verdoppeln, romantische Gefühle, Ehe und Partnerschaftsglück stärken und die Liebe, das Verständnis und das Zusammengehörigkeitsgefühl zwischen Partnern deutlich verbessern. Sie sorgen für mehr Verständnis, Gleichberechtigung, Harmonie und Versöhnung. Rote Kristall-Herzen schützen die Partnerschaft vor Dritten, tragen dazu bei, daß beide Partner in der Beziehung ihre große Liebe finden und sich ungestört von äußeren Einflüssen eine gemeinsame, glückliche Zukunft aufbauen können. In China werden rote Kristall-Herzen paarweise zur Verdoppelung des Liebesglücks getragen und zu jedem feierlichen Anlaß verschenkt. Als Hochzeitsgeschenk kehrt das doppelte Liebesglück in Ihr eigenes Herz zurück und ruft die Hochzeitsglocken für Sie herbei, wenn Sie sich nach einer festen Bindung sehnen oder die Ehe wünschen. Mit diesem Feng-Shui Glücksbringer lassen sich gebrochen Herzen heilen und geliebte Menschen zurückerobern.

FENG-SHUI TIP:
Treue Seite 116

Doppeltes Liebesglück

Einen geliebten Menschen zurückerobern

Tragen auch Sie und Ihr Partner rote Kristallherzen, möglichst paarweise, bei sich und verschenken Sie diesen Liebesbeweis zu jedem Anlaß wie Blumen oder Glückwunschkarten.

FENG-SHUI TIP:
Hochzeitsgeschenke bringen Glück Seite 108

Regenbogenkristalle für mehr Glück im Leben

Ihre Wohnung als Oase für Glück, Liebe und Gesundheit

Regenbogenkristalle aus facettiertem Kristallglas, auch Facettentropfen genannt, zählen zu den stärksten Glücksbringern im Feng-Shui. Sie vertreiben negative Energien, die im Feng-Shui als die wahren Ursachen für Streit, Eifersucht, Trennungen, Untreue, Unfälle, schlechte Laune, Unglück, Arbeitsplatzverlust, Depressionen und Krankheiten angesehen werden. Mit Regenbogenkristallen können Sie sich ein positives Umfeld erschaffen, indem sich Ihr persönliches, familiäres und berufliches Glück besser entfalten kann.

Hängen Sie Regenbogenkristalle, zum Schutz vor schlechtem Feng-Shui, über die Fensterbänke, in die Diele gegenüber der Eingangstür und in Bad und WC. Diese Orte sind besonders wehrlos gegenüber dem Eindringen von schlechtem Feng-Shui und tragen auch dazu bei, daß bereits vorhandene Glücksenergien unbemerkt davonfließen können. Im Schlaf-, Wohn- und Kinderzimmer versorgen Regenbogenkristalle die ganze Familie mit gutem Feng-Shui und Glück und machen die Wohnung für alle Angehörigen zu einer Oase für Gesundheit, Geborgenheit und Wohlbefinden.

FENG-SHUI TIP:

Schlechtes Feng-Shu Seite 114

Sie fangen positive Energien ein, wehren störende Einflüsse ab und erzeugen zauberhafte Regenbogen, die das Glück in allen Wohn- und Lebensbereichen gleichermaßen verteilen. Regenbogenkristalle sind Balsam für Körper, Geist und Seele. Sie aktivieren das Liebesglück, stärken Freundschaften, halten Unheil von Ihrem Zuhause fern, sorgen für ein harmonisches Familienleben, helfen Zwistigkeiten zu überwinden und bringen allen Anwesenden mehr Harmonie, Freude, gute Laune, Gesundheit und ein erfülltes langes Leben.

Feng-Shui-Glücksamulett

Kupfer zum Schutz vor negativen Energienestern

Wenn Sie sich für Ihre Partnerschaft, Familie und Freunde ein gutes Feng-Shui wünschen, sollten Sie auch darauf achten, daß sich unter Tischen, Sofas und Betten keine negativen Energienester anstauen können. Negative Energienester sind die häufigsten Ursachen für viele Arten von Unglück, worunter alle Anwesenden leiden. Sie zerstören das Familien- und Beziehungsglück und treiben Keile zwischen Partner, Freunde und Kollegen.

Schädliche Energienester in Bodennähe

Ein schlechtes Feng-Shui fördert Intoleranz, Streit, schlechte Laune, Mißverständnisse, Aggressionen, benebelt die Gedanken, zerstört die Liebe und führt letztlich zu Krankheit, Gewalt, Trennung und vielerlei Unglück in allen Lebensbereichen. Deshalb werden negative Energien in China auch als tödlicher Atem oder giftige Pfeile bezeichnet. Unter dem Bett, unter Stühlen und Sofas ist die Gefahr für negative Energienester besonders groß und schädlich, weil sie Tag und Nacht unbemerkt giftige Pfeile aussenden können. Natur-Kupfer-Kugeln oder Platten eignen sich hervorragend zum Beseitigen von negativen Energienestern in Bodennähe.

FENG-SHUI TIP:
Giftige Pfeile und tödlicher Atem. Seiten 109 und 115

Im modernen Feng-Shui werden diese Glücksbringer auch zum Abschirmen von Elektrosmog verwendet, der durch elektrische Geräte, Fernleitungen, Handys und Computer entsteht. Im Schlafzimmer wirken diese Feng-Shui-Glücksbringer hervorragend unter den beiden Betthälften gegen ein schlechtes Betten-Feng-Shui, Erd- und Wasserstrahlen. Im Wohn- Arbeits- und Kinderzimmer sollten diese Glücksbringer unter Hi-Fi-Anlagen, Sesseln und Sofas liegen und in der Küche bzw. im Arbeitszimmer sollten sie auf Elektrogeräten und dem PC aufgestellt sein, damit sich ein optimales Feng-Shui bilden kann.

Elektrosmog

Handy-Strahlen

Wasseradern

Edelstein-Fische für Wohlstand und Erfolg

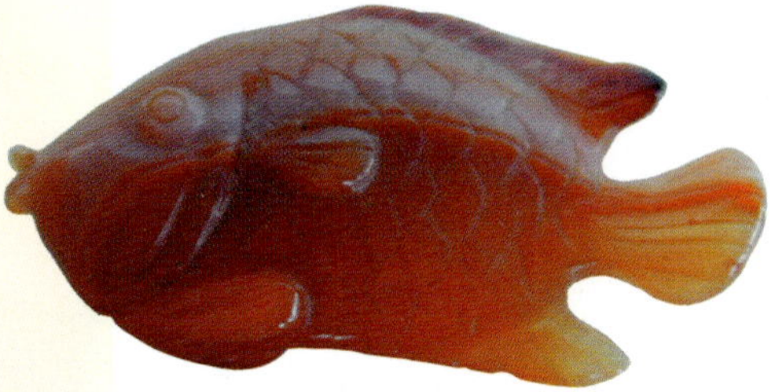

In China befindet sich in jedem Büro, Restaurant und Arbeitszimmer ein Aquarium. Eine verbreitete Feng-Shui-Tradition, die auch hierzulande in allen chinesischen Restaurants anzutreffen ist. Fische erzeugen ein wohlwollendes Feng-Shui und gelten als wirkungsvolle Glücksbringer für beruflichen und geschäftlichen Erfolg.

Wohlstand und Erfolg

Im Feng-Shui haben sich in den letzten Jahren, neben Aquarien, vor allem aus Edelsteinen geschliffene Fische durchgesetzt. Auf dem Schreibtisch aufgestellt oder in einem Samt- oder Seidentäschchen bei sich getragen machen sie die glückbringenden Himmelsrichtungen für Wohlstand und Erfolg auf Sie aufmerksam, verbessern das Feng-Shui in Ihrem gesamten Umfeld und aktivieren die optimale Glücksrichtung für augenblickliche Vorhaben. Hierdurch können sich die glückbringenden Energien Ihrer Umgebung noch besser auf Ihr berufliches und privates Glück auswirken. Edelstein-Fische stärken die Ausstrahlung, das Ansehen und die Kompetenz ihres Trägers.

Mehr Ausstrahlung , Respekt, Ansehen und Kompetenz

Dieser Glücksbringer steht Ihnen in allen wichtigen beruflichen Angelegenheiten und Prüfungen bei, und zieht jene Energien magisch für Sie an, die zu Wohlstand, Karriere und Erfolg verhelfen. Edelstein-Fische sind gleichzeitig auch beim Haushalten mit den Seelenkräften behilflich. Sie sorgen dafür, daß Sie nach der Arbeit noch genug Energie für Frau, Kinder und Privatleben haben.

Prüfungsglück

Karriere und Privatleben in Einklang

Feng-Shui-Amulett für Glück, Wohlstand und Erfolg

Regenbogen-Pagoden aktivieren Ihre Glücksrichtungen

Regenbogen-Pagoden gelten als das Zuhause von Regenbogen, deren Farben stellvertretend für die acht Hauptglücksrichtungen stehen, nämlich für Liebesglück, Gesundheit, langes Leben, Familienglück, Freundschaftsglück, Wohlstandsglück, privates Glück und Eheglück. Regenbogen stellen eine harmonische Verbindung zu allen Glücksrichtungen her und sorgen für ein gutes Zusammenspiel zwischen Glück, Liebe, Gesundheit und Erfolg.

Die Haupt-Glücksrichtungen

Hierdurch bringen Regenbogenpagoden die Grundvoraussetzung für ein gutes Feng-Shui und somit für ein glückliches Leben in allen Bereichen. In der chinesischen Medizin haben sich Regenbogenpagoden als starke Heiler und als Balsam für Körper, Geist und Seele bewiesen. Sie wehren schädliche Einflüsse ab, die für chronische Schmerzen, Depressionen, Ängste, unheilbare Krankheiten und Unglück verantwortlich sein können.

FENG-SHUI TIP:
Voraussetzungen für gutes Feng-Shui. Seite 109

Tragen Sie stets eine Regenbogen-Pagode in einem Samt- oder Seidentäschchen bei sich und stellen Sie welche an einen gut sichtbaren Platz im Büro, Wohnimmer, Kinderzimmer und im Schlafzimmer auf, um alle acht Glücksrichtungen zu stärken und in Ihrem Leben willkommen zu heißen. Auf Kinder wirkt sich dieser Feng-Shui-Glücksbringer doppelt glückbringend und schützend aus.

Doppeltes Glück für Kinder

Symbol für doppeltes Glück. Seite 106

Chi-Energie, die Quelle des Lebens

Pyritsonne,USA

Pyritsonne, China

Chi-Energie-Quellen, auch Pyritsonnen genannt, gelten im Feng-Shui als die Vertreter der Sonne auf Erden. Sie leiten den kosmischen Atem des guten Drachen weiter und sind somit ein wichtiger Schlüssel zu gutem Feng-Shui und viel Glück. Chi-Energie-Quellen dienen als universelle Energiebringer von Liebe, Gesundheit und Harmonie, geben Kraft und spenden Energie, Vitalität, pure Lebensfreude und Hoffnung. Sie schützen die Aura und versorgen Körper, Geist und Seele mit frischen Lebensenergien für mehr Gesundheit und ein glückliches, langes Leben.

Gesundheit und ein langes Leben

Sie sollten deshalb überall dort aufgestellt sein, wo Unglück, Trauer und Leid zugegen ist, wo Menschen krank sind, sich schwach, überfordert, depressiv, ausgelaugt, ängstlich und vom vitalen Lebensstrom wie abgeschnitten fühlen. Chi-Energiequellen schützen vor falschen Freunden, führen aus Sackgassen heraus, weisen deutlich auf glücklichere Lebensumstände hin und helfen, Mißverständnisse zwischen Familienmitgliedern, Partnern, Freunden und Kollegen zu lösen.

FENG-SHUI TIP:
Chi-Energie
Seite 106

In der traditionellen chinesischen Medizin werden Chi-Energiequellen bei Winterdepressionen, Melancholie, Schwermütigkeit, Antriebslosigkeit, Unlust, Entzündungen, Geschwüren, Drüsenleiden, Knochenerkrankungen und Kreislauferkrankungen aller Art verwendet. Sie bringen Hoffnung, beschleunigen die Genesung und aktivieren die körpereigenen Heilkräfte, was sich sehr positiv auf den Heilungsverlauf chronischer Krankheiten und akuter Erkrankungen auswirken kann.

Traditionelle chinesiche Medizin

Bergkristalle für Gesundheit und langes Leben

Bergkristalle zählen zu den wichtigsten Energiebringern und Heilern im Feng-Shui. Sie ziehen positive Energien für mehr Gesundheit, Liebe und Glück magisch an und wehren krankmachende Einflüsse ab. Bergkristalle helfen dabei, schlechtes Feng-Shui aus Ihrem Umfeld weitläufig zu vertreiben und dienen als Magnet für glückbringende Energien, die sich in allen Lebensbereichen positiv auswirken.

Glücksmagnet

Durch Feng-Shui-Bergkristalle erhalten Sie mehr Lebensenergie, was sich wiederum durch mehr Gesundheit, Liebesglück, Jugendlichkeit, Familienglück, Romantik, Vitalität, Erfolg, inneres Gleichgewicht und ein erfülltes langes Leben bemerkbar macht. Am Körper getragen schützen Bergkristalle vor negativen Einflüssen aller Art. Sie reinigen, harmonisieren und optimieren Ihr persönliches Umfeld und befreien von seelischen Blockaden, die in der chinesischen Medizin als die wahren Ursachen von schlimmen Krankheiten angesehen werden. Feng-Shui-Bergkristalle werden überall in China als Glücksmagnete verwendet.

FENG-SHUI TIP:
Gesundheitsglück S. 108

Familienglück, Wohlstand und Erfolg

Tragen Sie stets einen kleineren Berg-Kristall bei sich und stellen Sie ca. faustgroße Bergkristalle in der Wohnung und im Büro auf. Hierdurch schützen Sie sich und Ihre Beziehung, die Familie, Angehörige und Kollegen vor schlechtem Feng-Shui und Unglück. Bergkristalle fördern das Familienglück, verbessern die beruflichen Aussichten auf Wohlstand, Karriere und Erfolg und können die Gesundheit und das Wohlbefinden aller Anwesenden erheblich verbessern.

Feng-Shui-Amulett für ein glückliches langes Leben

Regenbogen-Fluorit
Balsam für Körper, Geist und Seele

Zu Schmeichelsteinen polierte Regenbogenfluorite werden im Feng-Shui und in der traditionellen chinesischen Medizin nicht umsonst als Balsam für Körper, Geist und Seele verwendet und wie Schutzengel verehrt. In der Tasche getragen und in der Wohnung aufgestellt, verschaffen sie Ihnen eine direkte Verbindung zu Ihren himmlischen Helfern und Schutzgeistern. Sie machen Ihr Umfeld zu einem Ort der Freude und des Glüks, worin sich Liebe und Gesundheit für immer wohlfühlen können.

Ihr Schutzengel

FENG-SHUI TIP:
Umgebungs-Feng-Shui Seite115

Heilende Energien für die Seele

Regenbogenfluorite erzeugen ein wunderbares Feng-Shui für privates Glück, Zufriedenheit und Selbstverwirklichung. Sie gelten in der traditionellen chinesischen Medizin als heilende Energiequellen für die Seele und werden deshalb in China zum Lindern von seelischen Leiden, Ängsten, Depressionen, chronischen Schmerzen, Schlafstörungen, Burn-Out und schwer heilbaren Krankheiten verwendet. In der Tasche getragen fängt dieser Feng-Shui-Glücksbringer positive Glücksenergien für Sie ein, um schwierige Lebensphasen erfolgreicher meistern zu können.

Depressionen Schlafstörungen, Ängste

Er dient der inneren und äußeren Harmonie und wird in China zu allen Anlässen verwendet und verschenkt, die mit Heilung, Gesundheit und Genesung für Körper, Geist und Seele in Verbindung stehen.

Feng-Shui-Amulett: Mehr Harmonie für Körper, Geist und Seele

Amethyst-Balsam für privates Glück, Lebensfreude & Selbstverwirklichung

Balsam-Kristalle aus Amethyst erzeugen ein gutes Feng-Shui für mehr Erfolg, Zufriedenheit, Gesundheit und Glück. Sie bringen mehr Harmonie in Ihr Inneres und sind Balsam für Körper, Geist und Seele. Wie erfolgreich, glücklich und zufrieden Sie sind, hängt nämlich immer auch von Ihrem inneren Gleichgewicht ab, was wiederum durch ein gutes Feng-Shui gestärkt und positiv beeinflußt wird.

Wünsche und Träume erfüllen

Amethyst-Balsam-Kristalle geben Kraft und Stärke, um sich im Leben besser behaupten und durchsetzen zu können. Sie schützen vor Unrecht, Unglück und halten schlechtes Feng-Shui fern, das sich negativ auf die Erfüllung Ihrer Wünsche auswirken kann. Amethyst-Balsam-Kristalle sind Ihnen bei der Erfüllung Ihrer Träume behilflich. Sie bieten seelischen Schutz und befreien von Abhängigkeiten aller Art.

Abhängigkeit

Tragen Sie diesen Feng-Shui-Glücksbringer stets bei sich in der Hosentasche, Handtasche oder stellen Sie ihn Zuhause und im Büro auf. Zu Hause harmonisiert er das Familienleben und stärkt das Familienglück in besonderem Maße. Er bringt frische Impulse, Ruhe und Ausgeglichenheit. Im Schlafzimmer lindert er Albträume und sorgt für einen tiefen, erholsamen Schlaf.

Famileinglück

Lindert Albträume, bringt guten Schlaf

FENG-SHUI TIP:
Schlafzimmer-Feng-Shui
Seite 113

Glücksbuddha Seite 103

Drachenpagoden zum Schutz vor dunklen Mächten

Drachen gehören zu den beliebtesten Glücksbringern und Beschützern im Feng-Shui. Sie werden in China wie Schutzengel verehrt, womit die himmlischen Helfer für alle Lebenslagen angerufen und eingeladen werden, um sich selbst, die Wohnung und alle Bewohner mit mehr Glück zu erfüllen. Drachen halten schlechtes Feng-Shui fern und schützen ihren Träger, Partner, Angehörige und die Wohnung vor negativen Energien, die als Auslöser für vielerlei Unglück verantwortlich sein können.

FENG-SHUI TIP:
Gegen Schlechtes Feng-Shui Seite 114

Streitigkeiten unter Partnern und Geschwistern, Lieblosigkeit, Pechsträhnen, Unglück, Krankheiten, Zank und Trennung können typische Anzeichen für negative Energien sein, die von schlechtem Feng-Shui ausgesandt werden. Lassen Sie es nicht so weit kommen! In Kristallglas geschliffene Glücksdrachen, die gleichzeitig von Regenbogen unterstützt werden, vertreiben schlechtes Feng-Shui und ziehen positive Lebensenergien magisch für Sie an. Sie verdoppeln Ihr Lebensglück und sorgen dafür, daß Sie in allen Lebensbereichen mehr vom Glück bedacht werden, was sich wiederum auch sehr positiv auf Ihr Liebesglück, Familienglück, Gesundheit und Erfolg auswirken kann.

Verdoppeln Sie Ihr Glück

Stellen Sie die Drachenpagode in jedem Zimmer Ihrer Wohnung und im Büro auf, oder tragen Sie eine kleine Pagode in einem Samt- oder Seidentäschchen bei sich, damit das Glück für immer bei Ihnen bleibt.

Rote Lampions mit dem Zeichen für doppeltes Glück unterstützen die glückbringenden Energien Ihrer Glücksbringer. Seite 106

Lichtkristalle für Gesundheit, Glück und ein langes Leben

Lichtkristalle erzeugen funkelnde Energien, womit das innere Feng-Shui in Ihrem Herzen genauso harmonisiert und mit Glück erfüllt wird, wie das Feng-Shui in Ihren Wohnräumen und Ihrer Umgebung auch. Lichtkristalle fangen positive Lebensenergien aus dem Sonnenlicht auf und wehren unglückbringende Einflüsse ab. Sie symbolisieren im Feng-Shui den Erleuchtungspunkt, auch »Chi« genannt, woraus alle Dinge der Schöpfung ihre Lebensenergien erhalten.

FENG-SHUI TIP:
Chi-Energie
Seite 106

Lichtkristalle sind wahre Energiequellen für die Seele. Sie übertragen universelle Lebenskraft und sorgen für mehr Harmonie, Gesundheit, Glück, Freude und Erfolg in allen beruflichen und privaten Angelegenheiten. Sie sorgen für ein gutes Feng-Shui, was sich auch sehr positiv auf das Zusammengehörigkeitsgefühl, Familien- und Liebesglück auswirkt. Im Wohnzimmer fördern Lichtkristalle das familiäre Glück in besonderem Maß. Im Schlafzimmer aufgestellt sorgen sie für mehr Liebesglück, Zärtlichkeit und Verständnis in der Partnerschaft. Im Kinderzimmer stellen Lichtkristalle die kindliche Seele unter den besonderen Schutz Buddhas. Sie sind wie gute Schutzengel, schützen vor einem schlechten Schicksal und wehren besonders die negativen Energien ab, die für Krankheiten, Mißverständnisse, Rivalität unter Geschwistern und vielerlei Spannungen in der Familie verantwortlich sind.

Gutes Schicksal

Schutzengel für Kinder

Tragen Sie einen kleinen Lichtkristall bei sich und stellen Sie größere Lichtkristalle bei sich zu Hause auf. Sie machen Ihre Wohnung zur Oase und sind Balsam für Körper, Geist und Seele.

Balsam für Körper, Geist und Seele

Glücks-Buddhas für schnelle Heilung und gute Gesundheit

In China in jedem Haushalt

Der auf Regenbogen gebettete Glücks-Buddha »wohnt« in China in jedem Haushalt. Er bringt Erfüllung, Gesundheit und unendliches Glück und wird seit alters her im Feng-Shui und in der traditionellen chinesischen Medizin als Magnet für heilende und glückbringende Energien verwendet.

FENG-SHUI TIP:
Glück Seite 109

Glück und Gesundheit

Der Glücks-Buddha aktiviert die Selbstheilungskräfte, schützt vor körperlicher und seelischer Erschöpfung und versorgt Sie in allen Lebenslagen mit reichlich Glück und Gesundheit. Die Regenbogen, worauf der Glücksbuddha sitzt, wehren schlechtes Feng-Shui ab und vertreiben negative Energien, die in China als die wahren Ursachen für Unwohlsein, Streit, Lustlosigkeit, Unglück, Antriebslosigkeit und Krankheiten angesehen werden.

Lebenskrisen

Nicht vom Glück verlassen

Tragen Sie stets einen kleinen Glücksbuddha bei sich und stellen Sie Größere im Wohnzimmer, Kinderzimmer und Schlafzimmer auf. Er ist der wichtigste Energiebringer für Heilung und Genesung und bringt ausreichend Glück, um Lebenskrisen besser überstehen zu können. Er erleichtert den Neubeginn nach Trennungen, Unfällen, Tod eines Angehörigen oder nach harten Schicksalsschlägen und sorgt dafür, daß es wieder aufwärts geht und Sie vom Glück nicht verlassen werden.

Feng-Shui-Amulett für Gesundheit

Kristallkugeln aus Glas und Edelsteinen sind universelle Glücksbringer

In China gelten Kugeln aus Kristallglas und Edelsteinen als Symbole von Weitsichtigkeit, Großzügigkeit, Nächstenliebe und Freiheit. Sie sind die Garanten für Liebesglück, Gesundheit, Wohlstand und ein glückliches, langes Leben. Kristall-Kugeln werden deshalb in China zu Hochzeiten, zur Verlobung, zur Genesung oder zur Gründung eines gemeinsamen Hausstandes gekauft und verschenkt. Sie vertreiben ein schlechtes Feng-Shui, wehren negative Energien weiträumig ab und werden deshalb in China als universelle Glücksbringer verwendet.

FENG-SHUI TIP:
Geschenke Seite 108

Kristallkugeln sorgen dafür, daß sich in Ihrer Umgebung immer genug Glücksenergien befinden, die Ihr Leben erheblich verschönern. Sie helfen Unstimmigkeiten schlichten, aktivieren das Liebesglück, fördern das Familienglück und schützen alle Beziehungen zu Angehörigen und Freunden.

Beziehungsglück

Stellen Sie Kristall-Kugeln im Wohnzimmer, Eßzimmer und Kinderzimmer auf. Hier sind sie ganz besonders gute Energiequellen für alle Glücksrichtungen. Im Büro und am Arbeitsplatz fördern Kristallkugeln die Kollegialität und bringen Erfolg, Einkommensverbesserungen und bessere Karrierechancen. Feng-Shui-Kristallkugeln können aus Glas, Bergkristall und anderen Edelsteinen bestehen. Aber auch auf Regenbogenglas-Sockeln ruhende Welt-Kugeln aus graviertem Kristallglas zählen zu beliebten Feng-Shui-Glücksbringern.

Jadedrachen-Paare halten das Unglück fern

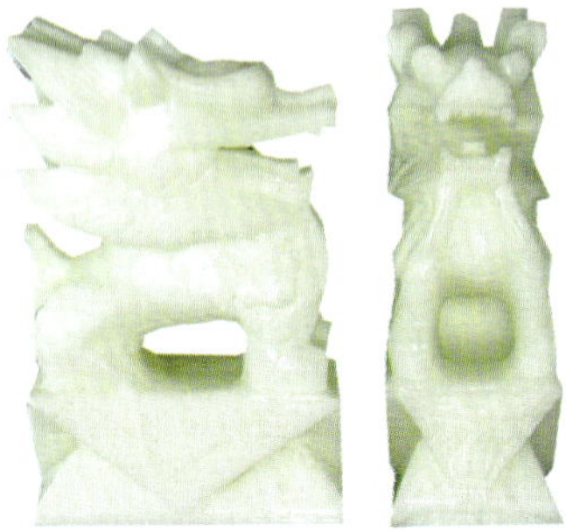

Jadedrachenpaare sind treue Beschützer Ihrer Wohnung, aller Angehörigen und der Partnerschaft. Sie sind aus weißer, gelber oder grüner Jade gefertigt und werden paarweise links und rechts vor dem Wohnungseingang, in der Diele, neben den Zimmertüren, auf Bücherregalen und auf den Fensterbänken platziert. Die von ihnen ausgesandten Schutzenergien wandeln negative Energien in positive Glücksenergien um, weisen alles Böse von Ihnen, Ihren Angehörigen, und Ihrem trauten Heim ab und wehren giftige Pfeile ab, die von vorstehenden Ecken, Spiegeln, Kanten, Regalen, Deckenbalken und anderen ungünstigen Einrichtungsgegenständen ausgesandt werden.

Schutzenergien

FENG-SHUI TIP:
Unvorteilhafte Einrichtungsgegenstände
Seite 116

Jadedrachenpaare bewirken, daß sich feindlich gesinnte Menschen in Ihrer Umgebung sehr unwohl fühlen oder gar nicht erst in Ihre Nähe kommen. Sie bieten Schutz vor giftigen Pfeilen, tödlichem Atem, falschen Freunden und anderen negativen Kräften, die als schlechtes Feng-Shui bezeichnet werden, und sich zerstörerisch auf das Glück und Wohlbefinden aller Anwesenden auswirken können. Jadedrachenpaare werden in China als die Wegbegleiter des Guten und als Vorboten für gutes Feng-Shui geschätzt. Sie ziehen positive Energien aller Glücksrichtungen magisch an und sorgen dafür, daß sich das Glück in all seinen verschiedenen Nuancen besser für Sie auswirken kann.

Die richtige Größe

Jadedrachenpaare sollten überall da stehen, wo Sie sich längere Zeit aufhalten, wohnen oder arbeiten. Drachenpaare für die Wohnung sollten mindestens 10-15cm hoch sein, für ein Restaurant, Haus, Büro oder Geschäftsräume ca. 30-60cm.

Glücksbeutel zum Schutz, als Glücksbringer und für Notfälle

Dieses Glücksbeutelchen beinhaltet wichtige Glücksbringer:

1. 3 Dynastie-Münzen an einer roten Kordel für mehr Wohl stand, Reichtum, Karriere und Erfolg.
2. 1 Jade-Schutzstein zum Schutz vor schlechtem Feng-Shui, Unheil, Pech, schweren Krankheiten und allem Bösen.
3. 1 Rosenquarzherz für Glück in der Liebe.
4. 1 Regenbogen-Fluorit als Magnet für mehr Glück in allen Lebensbereichen.
5. 1 Balsam-Kristall aus Bergkristall für mehr Gesundheit, rasche Genesung und langes Leben.
6. 1 Feng-Shui Erste-Hilfe-Essenz.

FENG-SHUI TIP:
Essenzen
Seite 89, 94

Die Essenz enthält die Energien aus Bergkristall, Mondstein, Chrysopras, Regenbogenfluorit und Diamant. Sie ist zum besonderen Schutz für Notfälle und für unvorhergesehene Notsituationen gedacht. Die Essenz schützt vor seelischen Verletzungen, Nervenzusammenbrüchen, Panik, Prüfungsängsten und Streß. Sie bietet zusätzlichen Schutz vor körperlichen Dauerschäden, Flugangst, Heimweh und seelischen Erschütterungen nach Unfällen, Hiobsbotschaften, Enttäuschungen und Trennungen. Die Essenz reguliert das innere Feng-Shui, damit Körper, Geist und Seele schnell wieder in Einklang kommen und keine bleibenden Schäden erleiden. In China und Hong-Kong tragen fast alle Menschen ein solches Glücksbeutelchen in der Hosentasche oder Handtasche bei sich, um sich vor negativen Einflüssen zu schützen und um positive Glücksenergien auf sich aufmerksam zu machen.

1. Hilfe-Essenz

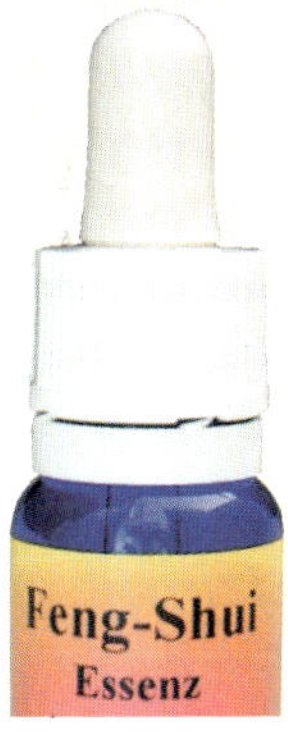

Glücksbeutel der 10 Kaiser

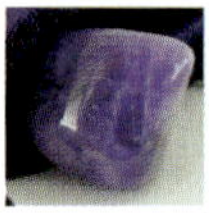

Amethyst für innige Glücksgefühle und geistige Erfüllung. Macht offener im Umgang mit Gefühlen. Läßt Gespräche über Gefühle nicht als lästig oder peinlich empfinden.

Jade zum Schutz vor negativen Einflüssen aller Art. Schützt vor dominanten Einflüssen, bösen Mächten, Unfällen und Mobbing.

Sodalith für Witz, Freude und Humor. Bringt heitere Gelassenheit, Zuversicht und Fröhlichkeit. Befreit aus Niedergeschlagenheit, lindert innere Beklemmungen, Sorgen und Albträume.

Howlith für Bildung, Wachstum und Kindersegen. Erweitert den Horizont und sorgt dafür, daß Sie weiterkommen. Verhindert, daß Sie immer wieder die selben Fehler machen und bewirkt, daß Ihnen Dinge leichter im Gedächtnis haften bleiben.

Blauer Goldfluß regt die innere Reinigung seelischer und körperlicher Bereiche an und sorgt für frische Energie.

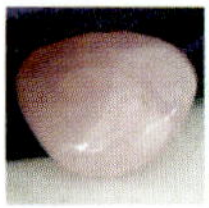

Rosenquarz für Liebesglück. Diese magischen Helfer stärken die Liebe und bewirken, daß Ihr Partner Ihnen treu bleibt.

Drei chinesische Münzen für Reichtum, Wohlstand und Erfolg.

Gelbe Jade für Toleranz und Vergebung. Hilft Ihnen dabei eigene und anderen Menschen Fehler verzeihen zu können. Fördert Toleranz und hilft dabei traumatische Erfahrungen zu verarbeiten.

Bergkristall für Gesundheit und langes Leben. Aktiviert die Selbstheilungskräfte, schützt vor bleibenden Gebrechen, die durch seelische Erschöpfung und Burn-Out ausgelöst werden können.

Sonnenstein (Roter Goldfluß) Bringt Vertrauen in die eigene Meinung und hält den Glauben an Liebe, Freude und Glück aufrecht.

Rosenquarzkugeln für Liebesglück, Ehe und Partnerschaft

Rosenquarzkugeln tragen die Energien frischer Liebe in sich. Sie führen füreinander bestimmte Paare zusammen, lassen den wahren Seelenpartner erkennen und sind auch in der Partnerschaft wertvolle Begleiter für Treue, anhaltende ewige Liebe und Glück.

Rosenquarzkugeln ziehen ein gutes Feng-Shui für Liebesglück und partnerschaftliches Verständnis magisch an. Sie stärken die Gesundheit von Herz und Kreislauf, fördern Charme, Charisma, Ausstrahlung, positive Gefühle, natürliche Herzlichkeit und schützen vor einem schlechten Beziehungs-Feng-Shui, das sich durch absterbende Liebesgefühle, ständiges Streiten um Kleinigkeiten, eine geladene Atmosphäre unter Partnern, Mißtrauen, Eifersucht und Untreue auswirken kann. Im Schlafzimmer aufgestellt schützen Rosenquarz-Kugeln vor nachlassender Liebe, Untreue und Streit. Stellen Sie Rosenquarzkugeln am besten links und rechts vom Ehebett auf. Das fördert das gegenseitige Liebesglück und aktiviert die Liebesbereiche beider Partner für langanhaltendes Liebesglück, mehr Harmonie, Gemeinsamkeit, Vertrauen, Treue, ein liebevolleres Miteinander, Geborgenheit, Zärtlichkeit, rasche Versöhnung und ein tiefes Beziehungsglück. Das gilt ganz besonders auch für langjährige Partnerschaften, die an Innigkeit nach zu lassen drohen.

Treue und ewige Liebe

Amulett für Treue und ewige Liebe

Herz und Kreislauf

FENG-SHUI TIP:
Schlafzimmer-Tabus S. 114

Facettenkugeln bringen das Glück zu Ihnen

Facettenkugeln gehören zu den wichtigsten Glücksbringern im Feng-Shui und in der traditionellen chinesischen Medizin. Sie stellen eine direkte Verbindung zu Ihren himmlischen Helfern und Schutzgeistern her und tragen zu mehr Glück und einem positiven Schicksal in allen Lebensbereichen bei.

FENG-SHUI TIP:
Günstiges Schicksal Seite 109

384 Facetten für mehr Glück in allen Bereichen

FENG-SHUI TIP:
Chi- oder Sha-Chi-Energien Seite 106 und 114

Geschenktip

In China werden sie deshalb als Feng-Shui Tempel aus Kristall verehrt, indem die Glücksgötter Zuhause sind. Facettenkugeln bringen ein gutes Feng-Shui in Ihre Wohnung, ins Büro und für alle Angehörigen. Sie vertreiben negative Kräfte, die für Unglück und Unheil verantwortlich sind und machen Ihre Wohnung zu einem harmonischen Ort der Freude, Ruhe und Lebenskraft, worin Liebe, Glück und Gesundheit dauerhaft verbleiben können. Facettenkugeln ziehen positive Lebensenergien, auch Chi- oder Sha-Chi-Energien genannt, magisch an und gehören im Feng-Shui zu den stärksten Energiequellen für Gesundheit, Glück und ein langes Leben. Hiervon profitieren alle Familienangehörigen genauso wie Freunde, Kollegen oder Verwandte, die bei Ihnen zu Besuch sind. Facettenkugeln stellen das Familienglück unter den besonderen Schutz Buddhas. Sie haben 384 Facetten und jede trägt auf ihre eigene Art und Weise zu besonderem Glück bei. In den Facetten spiegeln sich die Kräfte des Universums wider.

Stellen Sie Facettenkugeln in der Wohnung an einen hellen Platz auf. In China werden Facettenkugeln zu fast allen feierlichen Anlässen verschenkt, weil hiermit gleichzeitig auch Glück, Wohlstand und Gesundheit beschert werden.

Jaspis-Kugeln fördern das private Glück

Jaspis-Kugeln eignen sich hervorragend zum Beseitigen bereits vorhandener negativer Energien, die sich sehr nachteilig auf das private Glück auswirken können. Pechsträhnen, Erfolglosigkeit, Unglück, Krankheiten, Trennungen und Einsamkeit sind nur einige wenige Beispiele, die durch schlechtes Feng-Shui ausgelöst werden können. Jaspis-Kugeln werden im Feng-Shui grundsätzlich vor dem Einzug in eine neue Wohnung oder Büro aufgestellt, um schlechtes Vorgänger-Feng-Shui zu vertreiben.

FENG-SHUI TIP:
Bad/WC s 104

Schlechtes Vorgänger-Feng-Shui

Im Badezimmer, WC und in der Diele schützen sie davor, daß Ihnen das Glück davonfließt. Im Eßzimmer regulieren sie den Appetit, harmonisieren das körperliche Feng-Shui für Kreislauf und Verdauung und wirken sich diätunterstützend aus. Im Wohnzimmer stärken Jaspis-Kugeln das private Glück und das Familienglück in besonderem Maße. Sie fördern soziale Kontakte, bringen ein gutes Feng-Shui für gute nachbarschaftliche Beziehungen und sorgen dafür, daß wahre Freunde sich bei Ihnen wohl fühlen und falsche Freunde fern bleiben. Jaspis-Kugeln gelten im Feng-Shui als die stärksten Hilfsmittel zur Verbesserung der Engergieströme für echte, liebevolle, lang anhaltende Freundschaften.

Diätunterstützend im Esszimmer

Tragen Sie eine kleine, ca 20-30mm im Durchmesser zählende Jaspis-Kugel in einem Samt- oder Seidentäschchen bei sich und verschenken Sie welche an Ihre Freunde. Größere Kugeln (ca 4-6cm im Durchmesser) eignen sich sehr gut zur Feng-Shui-Verbesserung in der Wohnung. Im Büro sorgen sie für ein gutes Betriebsklima und schützen vor Mobbing und Arbeitsplatzverlust.

Mobbing

FENG-SHUI TIP:
Büro-Feng-Shui Seite 105

Bagua-Kristalle stellen den Kontakt zu Ihren Schutzengeln her

Bagua-Kristalle aus Regenbogenfluorit oder Bergkristall spielen nicht nur im Feng-Shui, sondern auch in anderen östlichen Lehren eine wichtige Rolle. Sie stellen den Kontakt zu Ihren himmlischen Helfern, Schutzengeln, Schutzgeistern und den 8 Haupt-Glükksrichtungen her: Liebesglück, Gesundheit, langes Leben, Familienglück, Freundschaftsglück, Wohlstandsglück, privates Glück und Eheglück.

FENG-SHUI TIP:
Kinderglück
Seite 110

Mit diesem Feng-Shui-Glücksbringer können Sie Ihr Schicksal positiv beeinflussen und Ihr Glück deutlich verbessern. Kinder profitieren doppelt davon. Sie werden von den in diesem Feng-Shui Glücksbringer wohnenden Glücksgeistern unter den besonderen Schutz Buddhas gestellt. Bagua-Kristalle werden in China als Wohnräume für Glücksgötter und deren Glücksenergien verehrt. Sie verbessern das persönliche Umfeld und schirmen schlechtes Feng-Shui, Unheil und Unglück weiträumig ab.

Single

Am Körper getragen warnen sie vor kommenden Gefahren und sorgen dafür, daß Sie die richtigen Entscheidungen treffen, um glücklich zu sein. Bagua-Kristalle sind auch für partnersuchende und Singles wichtige Hilfsmittel. Sie stehen Ihnen bei Verabredungen bei und machen auf den »Richtigen« aufmerksam.

Seelenpartner

Sie führen füreinander bestimmte Seelenpartner zusammen, erleichtern das Kennenlernen, bereiten den Weg zum »Du«, schaffen Vertrauen, steigern Charme, Charisma, Beliebtheit, Schönheit und Ausstrahlung und wirken wie ein Magnet der das Liebes-Feng-Shui zu Ihnen bringt, Liebesglück entfacht und Heiratswünsche erfüllt.

Kwan-Yin
Schutzengel aller Frauen

Kwan-Yin ist die Königin des Himmels und der chinesische Schutzengel aller Frauen und werdenden Mütter. Im Feng-Shui wird sie als weiblicher Buddha verehrt. Sie erfüllt den Kinderwunsch, stärkt die Partnerschaft und sorgt für ein harmonisches Familienleben. Kwan-Yin segnet das Heim und schützt alle Familienangehörigen vor Unheil.

Schutzengel aller Frauen und Mütter

Im Schlafzimmer aufgestellt schützt sie Ihr Beziehungsglück, aktiviert das Liebesglück, erfüllt den Kinderwunsch und steht werdenden Müttern als Schutzgöttin für Mutterglück, Schwangerschaftsglück und als Glücksbringer für das Ungeborene in besonderem Maße bei. Kwan-Yin ist die gute Fee für ungewollt kinderlose Paare und werdende Mütter. Sie erleichtert die Empfängnis und begünstigt das Feng-Shui für die Schwangerschaft und die Geburt gleichermaßen für Mutter und Kind. Kwan-Yin stellt das Neugeborene unter den besonderen Schutz der Götter und erfüllt das Baby mit Geburtsglück und Himmelsglück.

FENG-SHUI TIP:
Himmelsglück
Seite 110

Doppeltes Kinderglück

Im Kinderzimmer verdoppelt sie das Kinderglück, stellt es von Anfang an unter einen guten Stern und macht wahre Glückskinder aus Ihrem Nachwuchs. Sie lindert kindliche Ängste, Schulprobleme, Lernschwierigkeiten, Rivalität und Eifersucht unter Geschwistern. Im Wohnzimmer sorgt Kwan-Yin für ein besseres Feng-Shui in allen Wohnbereichen, und vermittelt der ganzen Familie allumfassendes Glück in allen Lebensbereichen.

Glücksherzen aus Kristallglas für mehr Glück in allen Bereichen

Glücksherzen gehören zu den wichtigsten Glücksbringern im Feng-Shui. Sie ziehen positive Energien magisch an und vertreiben negative Kräfte aus dem Umfeld und dem Gemüt. Tragen Sie stets ein oder mehrere Glüksherzen bei sich, um Ihr Glück zu fördern und um sich vor schlechtem Feng-Shui, Unglück und negativen Einflüssen zu schützen. Verschenken Sie Glücksherzen wie Blumen oder Glückwunschkarten. Paarweise getragen verdoppeln sie das gewünschte Glück.

Liebe und Treue

Rote Glücks-Herzen: Steigern das Liebesglück, stärken Zuwendung und Sehnsucht und sorgen für Treue, Harmonie und Versöhnung. Sie vertiefen die Liebesgefühle, schützen die Partnerschaft und sorgen dafür, daß die Liebe nicht zerbricht.

Gesundheit

Weiße Glücks-Herzen: Sorgen für Gesundheit, Widerstandskraft, Vitalität, rasche Genesung und ein glückliches, langes Leben.

Single, nie mehr einsam

Rosa Glücks-Herzen: Tragen die Energie frischer Liebe in sich und führen füreinander bestimmte Paare zusammen. Menschen, die alleine sind und sich nach einer glücklichen Beziehung sehnen, gelangen mit Hilfe von rosa Kristall-Herzen schneller an den Partner ihrer Träume, der auch der Richtige für sie ist. Rosa Kristall-Herzen sind unerläßliche Glücksbringer für ein gutes Feng-Shui zum Kennenlernen und für Verabredungen.

Wohlstand und Erfolg

Blaue Glücks-Herzen: Ziehen die Glücksenergien für Wohlstand, Reichtum, Anerkennung und Erfolg magisch an.

Lebensfreude

Grüne Glücks-Herzen: Stärken das private Glück in besonderem Maße. Sie sorgen für ein glückliches, langes Leben, steigern die Lebensfreude und das persönliche Glück in allen Lebensbereichen.

Körper, Geist und Seele

Orange Glücks-Herzen: Bringen mehr Harmonie für Körper, Geist und Seele

Glücks-Drachen zum Schutz vor Unglück

Der Glücksdrache ist einer der stärksten Glücksbringer im Feng-Shui. Er gilt als Vermittler zwischen Glück und Schiksal und sorgt dafür, daß Sie von unangenehmen Schicksalsschlägen weitestgehendst verschont bleiben. Der Glücksdrache schützt vor unheilbaren Krankheiten und anderen unangenehmen Leiden und deren Folgen. Im Alltag übernimmt der Glücksdrache eine Funktion als Schutzschild vor Bösem und als Ihr persönlicher Schutzengel zugleich. Er läßt Träume wahr werden, bringt Glück in der Liebe und Erfolg im Beruf.

FENG-SHUI TIP:
Günstiges Schicksal Seite 109

Der Glücksdrache bewahrt vor unüberlegtem Handeln, Mobbing und übler Nachrede. Wenn Sie ihn regelmäßig an der goldenen Kugel vor seinem Bauch streicheln, bringt er Sie direkt mit den Glücks- und Schutzgeistern Ihrer Umgebung in Verbindung und wird Sie mit Glück, Reichtum, Erfolg und Gesundheit überhäufen. Glücksdrachen vertreiben schlechtes Feng-Shui. Sie tragen maßgeblich zu einem guten Feng-Shui bei und fördern das private Glück, Familienglück, verbessern die Gesundheit, beschleunigen Heilungsprozesse und versorgen jeden, der die goldene Kugel berührt, mit mehr Glück in den gewünschten Lebensbereichen.

Ihr persönlicher Schutzengel

Berühren Sie die Kugel

Menschen, die enttäuscht, krank oder unglücklich sind, gelangen mit Hilfe des Glücksdrachen leichter auf die Sonnenseite des Lebens zurück. Er verbessert die Aussichten auf schnelle Genesung und sorgt für mehr Glück und Erfolg im geschäftlichen und privaten Bereich.

FENG-SHUI TIP:
Gutes Umgebungs-Feng-Shui Seite 115

Glücks-Würfel
Bote für gute Wünsche

Der Glücks-Würfel spielt im Feng-Shui eine wichtige Rolle zur Verbesserung des Feng-Shui für andere Menschen. Er stärkt das Feng-Shui der 4 Himmelsrichtungen und fördert somit das Liebesglück, Gesundheit, Wohlstand und die Langlebigkeit in besonderem Maße. Glücks-Würfel sind besonders dann sehr hilfreich, wenn Sie merken, daß Ihr Partner, Ihre Kinder, Angehörige, Kollegen oder Bekannte sich augenblicklich überfordern, körperlich und geistig stark nachlassen, Gefahr laufen in ihr Unglück zu rennen, in drohende Anbhängigkeit zu gelangen oder die wohltuenden Kräfte von Feng-Shui-Glücksbringern belächeln.

Bringen Sie anderen Menschen Glück

FENG-SHUI TIP:

Für andere Menschen Seite 107

Glücks-Würfel gelten im Feng-Shui als besonders geeignetes Medium zum Übermitteln von guten Wünschen und glückbringenden Energien für andere Menschen. Stellen Sie den Würfel bei sich zu Hause auf und konzentrieren Sie sich auf die Energien und gute Wünsche, die Sie einem anderen Menschen zukommen lassen möchten. Der Glücks-Würfel stammt ursprünglich aus dem Buddhismus und wird heute auch im Reiki, zum Yoga, für die Meditation und zur Übermittlung von heilenden Kräften und Hoffnung für andere Menschen verwendet. Negative Energien werden vom Glücks-Würfel nicht weitergegeben.

In der Wohnung und am Arbeitsplatz aufgestellt verbessert der Glückswürfel das allgemeine Wohlbefinden, wovon alle Anwesenden gleichermaßen profitieren. Dieser Feng-Shui-Glücksbringer sollte deshalb in keinem Haushalt fehlen. Stellen Sie ihn in jedem Zimmer auf, um immer von einem guten Feng-Shui umgeben zu sein.

Drachentränen sind Freudentränen

Alten chinesischen Überlieferungen zufolge gelten Drachentränen als Symbol der Freude. Drachentränen, auch Drachenaugen genannt, sind zu Kristall erstarrte Freudentränen, die von Glücksdrachen vergossen werden, wenn sie uns Menschen glücklich gemacht haben. Drachentränen bringen ein gutes Feng-Shui in Ihre Wohn- und Arbeitsräume. Sie tragen zu einer erheblichen Verbesserung der Raumenergie bei und vertreiben schlechtes Feng-Shui, das in China auch als tödlicher Atem bezeichnet wird. Er kann das persönliche, partnerschaftliche, gesundheitliche, familiäre und berufliche Glück erheblich verschlechtern. Tödlicher Atem kann sich verheerend auf Ihr Leben, Ihr Glück und das Glück Ihrer Angehörigen auswirken.

Mit diesem Feng-Shui-Glücksbringer können Sie schlechtes Feng-Shui weitläufig vertreiben und zerstreuen. Drachentränen speichern gute Energien, stoppen Energieverluste, sorgen für ein gutes Wohnraum- und Büro-Feng-Shui und laden auch Ihren Körper, Geist und Seele mit frischen Lebensenergien auf. In der chinesischen Medizin werden Drachentränen zum Lindern von Depressionen, Migräne, Burn-Out, Niedergeschlagenheit und Erschöpfung verwendet.

Depressionen
Burn Out
Migräne
Erschöpfung

Hängen Sie Drachentränen an einen hellen Platz in der Wohnung, in Ecken, an Pflanzen, Lampen und unter den Fenstern auf, damit sie die positiven Lebensenergien aus dem Sonnenlicht aufnehmen und als Regenbogen in Ihrer Wohnung verteilen können. Regenbogen erzeugen ein gutes Umgebungs-Feng-Shui und aktivieren das Glück in allen Lebensbereichen in besonderem Maße. Hiervon profitieren alle Anwesenden gleichermaßen

FENG-SHUI TIP:
Regenbogen
Seite 112

Happy Buddhas für Liebesglück, mehr Erfolg und ein langes Leben

Aventurin

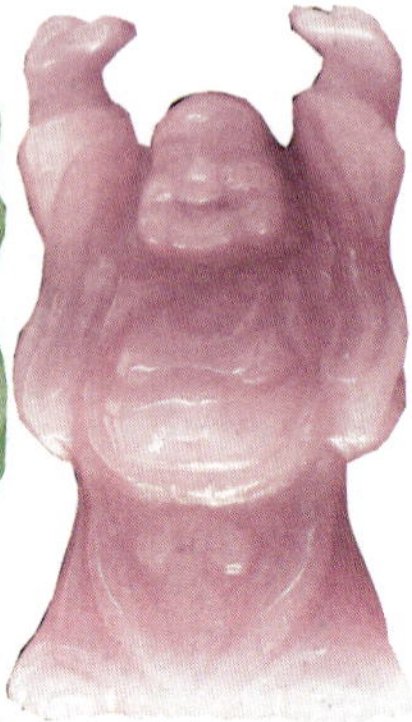

Rosenquarz

Happy-Buddha aus Aventurin für Wohlstand und Erfolg

Happy-Buddha aus Rosenquarz für Liebe und Familienglück

Den »Happy Buddha« erkennen Sie an seinen beiden zum Himmel gestreckten, offenen Armen. Er befindet sich in Asien in jedem Haushalt und am Arbeitsplatz. Zuhause, neben dem Bett aufgestellt, oder in der Hosentasche oder Handtasche getragen, ist er ein wichtiger Glücksbringer, besonders für Kinder. Er bringt Glück und Reichtum zu den Menschen, die ihn bei sich tragen und darum bitten. Umso liebevoller Sie mit Ihrem »Happy Buddha« umgehen, um so glücklicher wird er Sie machen. Denn die Liebe, die Sie selbst geben, kehrt mit Hilfe des »Happy Buddha« in Ihr eigenes Herz zurück. Im Feng-Shui werden 2 Arten von »Happy Buddhas« aus den beiden Edelsteinsorten Aventurin und Rosenquarz bevorzugt. Beide Edelsteine haben eine lange Glückstradition. Der grüne Aventurin schützt und verstärkt die materiellen Aspekte seines Trägers. Er sorgt z. B. für mehr Wohlstand, schützt das Eigentum und verbessert die Erfolgsaussichten im Berufsleben. Der »Happy-Buddha« aus Rosenquarz ist überwiegend für das emotionale Glück seines Trägers verantwortlich. Er stärkt die Liebe und das Familienglück, bringt ein gutes Feng-Shui in Ihr Familienleben und stellt die Partnerschaft unter den besonderen Schutz Buddhas. Singles verhilft der rosa Buddha zum Partner ihrer Träume. Happy-Buddhas werden in China paarweise verwendet und verschenkt. Als Paar gelten sie als unschlagbare Glücksbringer für Liebe, Erfolg, Wohlstand und ein glückliches langes Leben. Im Schlafzimmer neben dem Bett aufgestellt, sorgen beide Glücksbringer für ein harmonisches Gleichgewicht zwischen männlichen und weiblichen Energien in der Partnerschaft. Denn ein glückliches Liebesleben kann nur entstehen, wenn sich Yin- und Yang bzw. männliche und weibliche Energien im Gleichgewicht befinden, damit die Liebe füreinander wachsen kann und nicht von Abhängigkeiten, Eifersucht, Untreue, Zwängen, Unterdrückung, Streit und Gewalt zerstört wird.

FENG-SHUI TIP:

Yin und Yang im Einklang Seite 117

Regenbogenherzen sind treue Begleiter für alle Lebensbereiche

Facettierte Kristall-Herzen mit Regenbogen ziehen die Lichtenergien der 8 Hauptglücksrichtungen magisch an und verteilen sie in ihrem persönlichen Umfeld, Herz und Seele.

Die 8 Hauptglücksrichtungen sind: Liebesglück, Wohlstandsglück, Gesundheitsglück, Familienglück, privates Glück, Erfolgsglück, Arbeitsglück und langes Leben. Dieser Feng-Shui-Glücksbringer bestärkt und fördert alle 8 Glücksrichtungen in allen Lebensbereichen und trägt auch dazu bei, daß Ihr Partner, Familienangehörige, Freunde und Kollegen gleichermaßen mit mehr Glück erfüllt werden. Regenbogen können erheblich zu mehr Glück in allen Lebensbereichen beitragen. Sie stellen eine direkte Verbindung zu Ihren himmlischen Helfern und Schutzengeln her und machen Ihre Umgebung zu einem Ort der Freude und Lebenskraft, worin sich Liebe, Glück und Gesundheit für immer wohlfühlen können. Dieser Feng-Shui-Glücksbringer hat genug positive Energie um Sie vor Krankheiten, chronischen Schmerzen und anderen Leiden zu schützen. Gleichzeitig sind Regenbogen Nektar für Ihre Seele. Sie haben herzöffnende Eigenschaften, lassen seelenverwandte Menschen in ihr Umfeld eintreten und vertreiben Einsamkeit und Melancholie.

Regenbogen bringen Glück

Seelenverwandschaft

In der Tasche getragen beschützt dieser kräftige Feng-Shui-Glücksbringer vor negativen Einflüssen aller Art und erweist sich als besonderer Kraftspender im Alltag. In China werden Regenbogen-Kristall-Herzen wie Schutzengel verehrt, in einem Samt- oder Seidentäschchen am Körper getragen und zu jedem Anlaß verschenkt, wie bei uns Blumen oder Glückwunschkarten.

FENG-SHUI TIP:
Regenbogen Seite 112

Kristall-Pagoden für glückliche Wohnräume

Kristall-Pagoden sind natürlich gewachsene Tempel, worin der Gott der Gesundheit und des Langen Lebens »Sau-Seng-Kong« am liebsten wohnt, wenn er auf der Erde zu Besuch ist. Mit der Kristall-Pagode laden sie den Gott zu sich ein. Er bringt Ihnen rasche Genesung, gute Gesundheit, Schutz vor Unheil und ein erfülltes Langes Leben. Im Feng-Shui gelten Kristall-Pagoden auch als ausgesprochene Orte der Kraft, Ruhe und Weisheit und werden deshalb gerne wie Orakel zur Zukunftsvorhersage, Wahrheitsfindung und als Entscheidungshilfe verwendet.

Orakel zur Zukunftsvorhersage und Wahrheitsfindung

FENG-SHUI TIP:
Gutes Feng-Shui Seite 109

Kristall-Pagoden eignen sich auch hervorragend zur Verbesserung des Feng-Shui in der Wohnung. Sie sind hochenergetische Kraftspender, die schlechte Energien weitläufig vertreiben und ein gutes Feng-Shui für »glückliche Wohnräume« erzeugen. Aufgrund ihrer heilenden Energien gelten sie in der traditionellen chinesischen Medizin als wichtige Glücksbringer für mehr Gesundheit, schnelle Genesung, Lebensfreude und für ein glückliches, langes Leben.

Das Richtige zum richtigen Zeitpunkt

In der Tasche getragen stärken sie die Aura und schützen ihren Träger vor bösen Energien und negativen Einflüssen aller Art. Polierte Fenster lassen einen tiefen Einblick in die Wohnstube des Gottes zu. Tragen Sie stets eine kleine Kristall-Pagode in einem Samt- oder Seidentäschchen bei sich, oder stellen Sie diese im Wohnzimmer, Schlafzimmer, Kinderzimmer und im Arbeitsbereich auf, damit Sie immer ausreichend von guten Glücks- und Lebensgeistern umgeben sind und das Richtige zum richtigen Zeitpunkt tun.

Altare bringen die Glücksgötter zu Ihnen

Schutzaltar

Liebesaltar

Glücksaltar

Feng-Shui-Altare befinden sich in fast jedem asiatischen Haushalt. Sie werden als Hausaltare für anwesende Glücksgötter, als Lichtbringer und zum Schutz vor schlechtem Feng-Shui verwendet. In China befinden sich Feng-Shui Altare meist in der Diele gegenüber der Eingangstür, so daß gleich beim Betreten der Wohnung der Blick von Bewohnern und Besuchern auf den Altar fällt. Halten Sie den Platz um den Altar stets sauber und platzieren Sie den Altar auf einem erhöhten Standort. Vor dem Altar sollten Räucherstäbchen, eine facettierte Kristall-Kugel mit 384 Facetten, oder eine Bergkristall-Gruppe stehen. Hiermit erbringen Sie den Lichtgöttern einen aufrichtigen Willkommensgruß, womit Sie ein günstiges Feng-Shui und weitere Glücksgötter förmlich zu sich einladen. Das symbolisiert Offenheit und Gastfreundschaft und fördert das Glück in allen Lebensbereichen. Im Feng-Shui werden 3 Arten von Altaren bevorzugt in der Wohnung aufgestellt:

Ein **Schutzaltar** im Eingangsbereich zum Schutz davor, daß das Böse in Form von Krankheiten, Mißgunst, Armut, Unglück, schlechtem Feng-Shui und negativen Einflüssen aller Art zu Ihnen kommt.

Ein **Liebesaltar** im Wohn-, Kinder- und Schlazimmer für privates Glück, mehr Liebesglück, partnerschaftliches Glück, Generationsglück, Treue, Romantik, Zusammengehörigkeit, Leidenschaft, familiäre Geborgenheit und ein harmonischeres Miteinander unter Partnern und allen Familienangehörigen.

Ein **Glücksaltar** im Wohnzimmer, Kinderzimmer, Arbeitszimmer und Büro für mehr Reichtum, Erfolg, Wohlstand, Bildungsglück, Lernerfolg, Gesundheit, Familienglück, und Langlebigkeit.

FENG-SHUI TIP:
Räucherstäbchen Seite 86

FENG-SHUI TIP:
Eingangsbereich Seite 106

Fruchtbarkeit und Kindersegen

Ungewollt kinderlos? Ein negatives Feng-Shui kann sich auch nachteilig auf den Kinderwunsch auswirken. Haben Sie vielleicht seit längerem das Bedürfnis nach einer gründlichen Renovierung, nach Großputz oder einer Neueinrichtung Ihrer Wohnung, oder fühlen Sie sich irgendwie unwohl? Das können deutliche Anzeichen für ein schlechtes Feng-Shui in Ihrer Umgebung sein, das sich auch sehr nachteilig auf die Zeugungskraft, Empfängnis und Fruchtbarkeit auswirken kann.

Kindersegen

FENG-SHUI TIP:
Himmelsglück
Seite 110

FENG-SHUI TIP:
Fruchtbarkeit
Seite 104

Herzen aus facettiertem Kristallglas fangen fruchtbarkeitsfördernde Glücksenergien für Sie ein und befreien Ihr Umfeld von der Art schlechtem Feng-Shui, das sich negativ auf Ihr Kinderglück auswirkt. Eine weitere Möglichkeit zur Erfüllung des Kinderwunsches bietet der Liebesdrache mit Glückskugel neben dem Bett. Er erzeugt die notwendigen Yang-Energien, die für Leidenschaft, Befruchtung und Fruchtbarkeit besonders wichtig sind und trägt somit entschieden zur Erfüllung Ihrer Kinderwünsche, zum Geburtsglück, Mutterglück, Vaterglück, Familienglück, Himmelsglück und zum besonderen Segen Ihrer Kinder bei. Lila Jade Kugeln befreien von sogenannten Fruchtbarkeits- und Empfängnisblockaden, die den Lehren der traditionellen chinesischen Medizin zufolge, neben einem schlechten Feng-Shui, die verbreiteste Ursache für ungewollte Kinderlosigkeit sind. Lila Jade gilt als starkes Fruchtbarkeitssymbol und kann ebenfalls erheblich dazu beitragen, daß Kinderwünsche in Erfüllung gehen. Stellen Sie alle drei Glücksbringer links und rechts vom Ehebett auf und tragen Sie tagsüber das Kristallherz und die Lila-Jade-Kugel in einem roten Samtbeutelchen bei sich.

Essenz für
Fruchtbarkeit
Seite 97

Das wirkt sich sehr positiv auf die Fruchtbarkeit und die Empfängnis aus, erfüllt Ihr Ungeborenes mit viel Himmelsglück und stellt die Schwangerschaft, die Entwicklung des Ungeborenen im Mutterleib, die Geburt und die Mutter selbst unter den besonderen Schutz aller himmlischen Glücksenergien.

Facettenkugeln optimieren Ihren Arbeitsbereich

Nach westlichen Methoden erbaute Büros haben nach Feng-Shui Richtlinien oft so negative Energien, dass ein vernünftiges Arbeiten kaum möglich ist. Dabei ist ein gesundes Feng-Shui am Arbeitsplatz genauso wichtig, wie zu Hause, weil Sie einen Großteil Ihrer Lebenszeit bei der Arbeit verbringen. Ein schlechtes Feng-Shui am Arbeitsplatz kann deshalb verheerende Auswirkungen auf die eigene Gesundheit, das Betriebsklima und die Wirtschaftlichkeit Ihrer Firma haben.

Negative Energien können in einer Firma rasend schnell von einer Abteilung in die andere überspringen, und sich verheerend auf das Betriebsklima der ganzen Firma auswirken. Häufige Kopfschmerzen, Stress, Druck, Antriebslosigkeit, Burn-Out, Unglück, Unlust, Missgunst, Intrigen, Mobbing und ein hoher Krankheitsstand können typische Anzeichen dafür sein. Höchste Zeit Ihr Feng-Shui am Arbeitsplatz zu verbessern. Stellen Sie hierzu facettierte Kristallglaskugeln mit 384 Facetten gut sichtbar in Ihrem Büro auf.

FENG-SHUI TIP:
Arbeitsplatz-Feng-Shui Seite 104

Gutes Betriebsklima

Sie vertreiben negative Energien und erzeugen ein gutes Arbeitsplatz-Feng-Shui, das sich sehr positiv auf alle Anwesenden auswirken kann. Facettierte Kristallkugeln erzeugen ein gutes Betriebsklima, sorgen für eine vertrauensvolle Zusammenarbeit, bringen zufriedene Kunden und Freude an der Arbeit. Sie ziehen gute Geschäfte magisch an und stärken Ihr persönliches Umfeld für mehr Erfolg, Karriere, Respekt und Wohlstand. Hiervon profitiert jeder einzelne Mitarbeiter genauso wie die Wirtschaftskraft des gesamten Unternehmens.

FENG-SHUI TIP:
Unternehmensglück S. 116

Feng-Shui-Amulett für Glück und Erfolg

Glücks-Buddhas für Wohlstand, Reichtum und Erfolg

Im Feng-Shui kennt man viele Glücksbringer, die Wohlstand und Reichtum bescheren. Der lachende Wohlstands-Buddha gehört sicherlich zu den beliebtesten unter ihnen. Er wird immer mit einem alten chinesischen Zahlungsmittel, einem Geldbarren, dargestellt. Tragen Sie stets einen kleinen Wohlstands-Buddha bei sich, um Berufsglück und Karriere anzukurbeln. Stellen Sie mehrere Wohlstands-Buddhas bei sich Zuhause im Wohnzimmer, Arbeitszimmer und im Büro auf, um das Geschäftsglück für ein besseres Einkommen, Reichtum, gute Geschäftsbeziehungen, mehr Profit und Erfolg auf sich aufmerksam zu machen.

FENG-SHUI TIP:
Geschäftsglück Seite 108

Sie sprechen hiermit den chinesischen Gott des Reichtums und Wohlstands, »Tsai Shen Yeh«, eine persönliche Einladung aus, die er gerne annehmen wird. Ist er erst einmal bei Ihnen eingezogen, dann vertreibt er jene Energien aus Ihrem persönlichen Umfeld, die Sie und Ihre Angehörigen am beruflichen, finanziellen und wirtschaftlichen Erfolg behindern. Der Buddha sorgt dafür, daß Sie auch in schlechten Zeiten wohlhabend bleiben. Bringen Sie dem Buddha durch 3 an einen roten Faden gebundenen Dynastie-Münzen regelmäßig Ihren Dank entgegen, damit er für immer bei Ihnen bleibt und sein goldenes Tuch über die ganze Familie ausbreitet.

Geldbarren für Wohlstand und Reichtum, siehe auch Geldglück Seite 56, 108

Im Kassenbereich

Für Selbstaändige

In China befindet sich der Buddha in jedem Büro, im Kassenbereich und vor allem im Eingangsbereich, um Kundschaft und Kollegen mit einem guten Feng-Shui zu begrüßen. In China glauben die Menschen, daß es sehr wichtig ist, den Buddha bereits vor Unternehmensgründung zu besitzen und mit dem ersten Einzug in ein neues Büro oder eine neue Wohnung aufzustellen, damit er von Anfang an für ein gutes Feng-Shui sorgen kann, damit Sie sich immer ein komfortables Leben leisten können. In China wird dieser Glücksbuddha auch zur Förderung des Spiel bzw. des Lotterieglücks verwendet.

FENG-SHUI TIP:
Spiel- und Lotterieglück S. 115

Kristall-Globus für Bildungsglück, gute Prüfungen und Lernerfolg

Gutes Feng-Shui für Lernerfolg basiert gleichzeitig auch auf einer guten Gesundheit, gutem Lern- und Arbeitsvermögen, Erinnerungsvermögen und anderen positiven Energien, die sich vorteilhaft auf den Lernerfolg, das Gedächtnis und das Bildungsglück auswirken. Um ausgezeichnete Ergebnisse beim Lernen, Studieren und in Prüfungen erzielen zu können, ist wichtig, daß das persönliche Umfeld weitestgehend frei von schlechtem Feng-Shui ist, was sich sehr nachteilig auf den Lernerfolg auswirken kann.

FENG-SHUI TIP:
Bildungsglück
Seite 105

Lernerfolg

Prüfungsangst

Hiervon können vor allem das Erinnerungsvermögen und das Gedächtnis negativ beeinflußt werden, was sich wiederum durch plötzliche Prüfungsängste, Lampenfieber und Gedächtnisstörungen bemerkbar machen kann. Globen mit vergoldetem Halter aus Kristallglas wehren schlechtes Lern-Feng-Shui weitläufig ab und wirken sich sehr positiv auf den Lernerfolg aus. Sie ziehen die Glücksenergien Ihrer persönlichen Erfolgsrichtung en magisch an und erhöhen den Erfolgsfaktor um ein Vielfaches. Stellen Sie den Kristallglobus direkt vor sich auf den Schreibtisch. Das ehrt die Glücksenergien des Lernerfolgs und erleichtert besonders Kindern, Schülern und Studenten, aber auch Erwachsenen in Lernphasen oder Umschulungen, die Aufnahmefähigkeit.

Prüfungsglück

Der Kristallglobus sollte sich in Prüfungsphasen direkt vor Ihnen auf dem Arbeitstisch befinden, damit Sie ungestört von negativen Einflüssen Ihr Bestes zum Vorschein bringen können. Gleichzeitig sorgt der Kristallglobus für ein wohlwollendes Prüfungsglück, um nicht mit zu viel ungewußten Fragen konfrontiert zu werden.

Gelddrachen für Geschäftsglück, Wohlstand und Erfolg

Der Gelddrache ist seit alters her einer der stärksten Glücksbringer für Wohlstand, Reichtum und Erfolg. Er sorgt dafür, dass sich der Schatz, worauf er sitzt, für Sie in echtes Vermögen umwandelt. Der Gelddrache gibt ein sicheres Gespür im Umgang mit Geld und einen guten Riecher für sichere Geschäfte. Er steht Ihnen bei Bankgeschäften, Immobiliengeschäften und Vertragsabschlüssen wie ein »Guter Anwalt« bei und signalisiert bei Spekulationsgeschäften den besten Zeitpunkt zum Kauf und Verkauf. Der Gelddrache aktiviert das Geschäftsglück, lockt das Reichtumsglück förmlich für Sie an und bringt Ansehen und Erfolg. Er sollte überall da stehen, wo Sie sich geschäftlich betätigen.

Spekulationsglück

Bankgeschäfte, Immobilien, Vertragsabschlüsse

Stellen Sie ihn am besten auf den Schreibtisch im Büro oder in Ihrem Arbeitszimmer auf. Tragen Sie ihn bei Verhandlungen oder Geschäftsreisen im Koffer bei sich und stellen Sie ihn neben das Telefon wenn Sie wichtige Telefonate führen. Bitten Sie den Drachen vor und während Ihrer geschäftlichen Tätigkeit um das nötige Glück. Er verleiht Ihnen ein sicheres Auftreten, eine analytische Vorgehensweise, verhilft Ihnen zu überlegten Entscheidungen, klugen Lösungen, cleveren Taktiken und guten Geschäften, die Sie auch nachts gut schlafen lassen.

FENG-SHUI TIP:
Bankgeschäfte und Geldglück Seite 104, 108

Nicht im Schlafzimmer

Im Büro, am Arbeitsplazt und zu Hause im Wohnzimmer mehrt der Glücksdrache den Wohlstand und das finanzielle Glück der ganzen Familie. Im Schlafzimmer und Esszimmer hat der Gelddrache nichts verloren, weil er in diesen Räumen durch seine reichtumsfördernden Kräfte das Liebesglück und die partnerschaftliche Harmonie empfindlich stört.

Amulett für Wohlstand, Erfolg und langes Leben

Münzen für Reichtum und Wohlstand

In China ist jeder stolz darauf, was er leistet, da vom Einkommen der Wohlstand der ganzen Familie abhängig ist. Deshalb kennt man im Feng-Shui auch Glücksbringer für Wohlstandsmehrung, Reichtum und Einkommensverbesserung. Die drei Münzen sind Ihnen dabei behilflich. Sie ziehen finanzielles Glück magisch an, schützen den vorhandenen Reichtum, fördern Ihre Karriere und bringen ein gutes Feng-Shui für geschäftlichen und finanziellen Erfolg in Ihr berufliches- und privates Umfeld.

Schützen Ihr Vermögen

Die 3 Münzen geben ein glückliches Händchen im Umgang mit Geld und allen finanziellen Angelegenheiten, verhelfen zu Ansehen, bringen gute Geschäfte, Führungsqualitäten, gute Geschäftsideen und langjährige, ehrliche Geschäftsbeziehungen. Tragen Sie die drei Münzen stets an einem roten Band bei sich am Schlüsselbund, in der Tasche, Handtasche, Geldbeutel oder kleben Sie sie auf Aktenordner an Registrierkassen und Geldkassetten. Das quadratische Loch symbolisiert Himmel und Erde und der rote Faden erweckt die Glücksenergien in den Münzen zum Leben und sorgt dafür, daß ihre Energien noch besser auf ihren Träger übergehen können. Hängen Sie sie im Büro oder Arbeitszimmer von innen an die Türklinke und deponieren Sie sie überall da, wo es um Einkommen, Wohlstandsverbesserung, Karriere, Geschäftsglück, Reichtumsglück und wirtschaftlichen Erfolg geht. Vermeiden Sie es, die drei Münzen im Schlafzimmer zu deponieren. Das würde das Liebesglück und Eheglück strapazieren, weil sich Erfolgsenergien für Reichtum und Karriere nur schwer mit Liebesglück vereinen lassen.

Nicht im Schlafzimmer

FENG-SHUI TIP:
Schlafzimmertabus Seite 114

Die 3 Münzen als Geschenk:

Mit den 3 Münzen am roten Band schenken Sie Glück und Wohlstand. Fügen Sie Geschenken und Grußkarten obligatorisch die 3 Münzen bei.

Geschenke bringen Glück

Rosenquarz für Anerkennung und mehr Erfolg am Arbeitsplatz

Kein Wissen, Können und Geld der Welt ist für Ansehen, Ruhm und Erfolg so förderlich wie das Glück selbst. Egal wie clever Sie sind oder wie hart Sie arbeiten, ob Sie wirklich erfolgreich sind hängt letztlich doch davon ab, ob Sie zum richtigen Zeitpunkt am richtigen Ort sind und Glück haben oder nicht. Rosenquarze bewirken für Ihr Erfolgsbarometer wahre Wunder. Sie ziehen im Büro die Glücksenergien für Sie magisch an, die Ihnen zu Lob, Anerkennung, Ansehen und Erfolg verhelfen. Und erst dann, wenn Sie als erfolgreich wahrgenommen werden, werden Ihre Anstrengungen auch durch Beförderung, mehr Verantwortung und ein besseres Einkommen belohnt werden. Ohne das nötige Quäntchen an Berufsglück und Mentorenglück werden Sie Ihre Ziele nur sehr schwer oder gar nicht erreichen oder andere werden Ihren Erfolg davontragen.

FENG-SHUI TIP:
Metorenglück und Ruhmes-Glück
Seite 111, 113

Tragen Sie stets einen kleinen polierten Rosenquarz in einem Samtbeutelchen bei sich, und stellen Sie einen faust- bis handtellergroßen Rosenquarz auf Ihrem Schreibtisch, eventuell als Briefbeschwerer, auf. Er aktiviert Ihr berufliches Glück in besonderem Maße und schützt vor Gleichzeitig schützt er vor Mobbing, Mißgunst und übler Nachrede. Gleichzeitig beschützt er Sie vor schlechtem Berufs-Feng-Shui, das sich sehr nachteilig auf die Kariere, das Arbeitsklima und das Wohlergehen der ganzen Firma auswirken kann. Rosenquarz fängt positive Glücks- und Erfolgsenergien ein, wovon alle Kollegen und die Firma gleichermaßen profitieren und eignet sich sehr gut zum Absorbieren von Computerstrahlen.

Polierter Rosenquarz

Computer-strahlen

Rosenquarz

Rosenquarzspiegelsteine eigenen sich hervorragend zum Absorbieren von Computerstrahlen. Stellen Sie den Spiegelstein direkt am oder auf dem PC auf. Dies trifft auch für Microwellenherde zu. Siehe auch S. 77

Balsamkristalle aus Bergkristall für Gesundheit und langes Leben

Balsam-Kristalle aus Bergkristall werden im Feng-Shui und in der traditionellen chinesischen Medizin gleichermaßen verwendet, um sich von schlimmen Krankheiten zu heilen und vor Unfällen, Unglück und Schicksalsschlägen zu schützen.

Balsam-Kristalle werden auch zum Lindern von chronischen Schmerzen und Leiden verwendet, die seelische Ursachen haben. Körperliche Krankheiten, chronische Leiden, Allergien und Krebs werden in China als typische Folgen von schlechtem Feng-Shui angesehen, das sich durch Unglück in allen Lebensbereichen und vor allem auch durch unzählige körperliche und seelische Leiden bemerkbar machen kann.

FENG-SHUI TIP:
Chinesische Medizin Seite 106

Balsam-Kristalle aus Bergkristall wehren besonders die Art von negativen Energien ab, die sich negativ auf die Gesundheit und das körperliche Befinden auswirken. Sie aktivieren das Gesundheitsglück, bringen Heilung und Genesung, vertreiben schlechtes Feng-Shui und krankmachende Energien aus Ihrem Körper und sind wahre Beschützer, Energiespender und Glüksbringer für mehr Wohlbefinden, eine robuste Gesundheit und ein glückliches langes Leben. In China befindet sich dieser gesundheitsfördernde Glücksbringer in jeder Wohnung und vor allem auch am Krankenbett. Im Samtbeutelchen bei sich getragen kann er bei akuten Erkrankungen, Allergien und chronischen Leiden wahre Wunder bewirken.

Krankheit
Allergien
Krebs
chronische Leiden

FENG-SHUI TIP:
Krankenbett und Heilungsglück Seite 110, 111

Glücksbuddha für Gesundheit und langes Leben. Seite 102

Weltkugeln für gutes Feng-Shui im Kinderzimmer

Edelsteinglobus

Weltkugel aus Kristallglas auf Regenbogensockel

Elektronische Spielzeuge, Hifi-Anlagen, Handys und Computer erzeugen Elektrosmog und ein schlechtes Feng-Shui. Moderne Kinderzimmer sind hiervon leider besonders stark betroffen und Kinder reagieren auf die Folgen von schlechtem Feng-Shui besonders empfindlich. Krankheiten, Allergien, Streit, Rivalität unter Geschwistern, Lernschwierigkeiten, Ängste, nachlassende schulische Leistungen, Schulstreß, Entwicklungsstörungen und Schlafstörungen können typische Folgen von schlechtem Feng-Shui im Kinderzimmer sein, das die ganze Familie belastet.

FENG-SHUI TIP:
Bildungsglück, Seite 105

In Kristallglas gravierte Weltkugeln auf Regenbogen-Sockeln und Edelstein-Globen wehren schlechtes Feng-Shui im Kinderzimmer besonders gut ab. Sie bringen positive Energien für mehr Gesundheit, Freude, fördern das Bildungsglück in besonderem Maße und verstärken die glückbringenden Einflüsse in allen Lebensbereichen. Der Regenbogen-Sockel, worauf die Kristallkugel ruht und die Edelsteine im Edelsteinglobus, sollen das kindliche Umfeld zusätzlich verbessern, das Kinderglück verdoppeln und Glücksenergien anziehen, die sich besonders förderlich auf das allgemeine Wohlbefinden, alltägliche Glück, Familienglück und das Geschwisterglück auswirken.

Schulstreß Lern-probleme

Dieser Feng-Shui-Glücksbringer bringt ein gutes Feng-Shui ins Kinderzimmer und kann erheblich zu einer besseren körperlichen und geistigen Entwicklung, besonders von Kindern, beitragen. Dies macht sich wiederum durch mehr Vertrauen, Harmonie, Zuwendung und Zusammengehörigkeit in der ganzen Familie bemerkbar, lindert kindliche Probleme, Lernschwierigkeiten und Schulstreß.

Kristall-Buddhas verdoppeln das gewünschte Glück

Der Kristall-Buddha gehört in China zu den beliebtesten Glücksbringern. Er ist in jeder Wohnung zuhause und ist auch ein beliebtes Geschenk zur Hochzeit, zum Jubiläum, Geburtstag, Neujahrsfest und zu Hochzeitstagen. Aus wahrer Liebe, Zuneigung oder Freundschaft verschenkt, verdoppelt der Kristall-Buddha das gewünschte Glück und bringt es in Ihr eigenes Herz zurück. Mit diesem Glücksbringer lassen sich Wünsche erfüllen, die Hochzeitsglocken herbeirufen, geliebte Partner zurückerobern und das Beziehungsglück in der eigenen Partnerschaft verdoppeln. Kristall-Buddhas werden jedoch nicht nur zu feierlichen Anlässen verschenkt, sondern auch dann, wenn sie das Gefühl haben, daß Angehörige, Bekannte oder Verwandte zunehmend vom Glück verlassen werden, krank und einsam sind, und augenblicklich mehr Glück gebrauchen könnten.

FENG-SHUI TIP:
Hochzeitsgeschenke
Seite 108

Für Unglück wird in China fast ausschließlich ein schlechtes Feng-Shui verantwortlich gemacht, das sich in allen Lebensbereichen sehr negativ auswirken kann. Außenstehende bemerken das oft schneller als Betroffene selbst. Von guten Freunden und Bekannten erhalten Betroffene diesen Feng-Shui-Glücksbringer als Geschenk, zum Schutz vor negativem Feng-Shui, Unglück und nachhaltigen Schäden. Er schützt vor einer weiteren Verschlechterung, reinigt die Umgebung von schlechtem Feng-Shui, stärkt die Liebesbereiche und führt Betroffenen und Angehörigen in allen Lebensbereichen wieder mehr Glück zu. Das hilft Mißverständnisse klären, Probleme lösen, bringt Hoffnung und weckt das Bedürfnis zu Verzeihen und Vergeben.

Hochzeitsglocken

Im Schlafzimmer auf den Nachttischen aufgestellt, stärkt der Kristall-Buddha die Liebesbereiche und verdoppelt das Liebesglück beider Partner in besonderem Maße. Im Wohnzimmer fördert er das Glück der ganzen Familie.

FENG-SHUI TIP:
Doppeltes Glück
Seite 106

Rosenquarz-Buddhas bringen mehr Glück für Liebe, Ehe und Familie

Der Rosenquarz-Buddha gehört zu den wichtigsten Glücksbringern im Feng-Shui. Er steigert die Lebensfreude und ist für das Liebesglück und das Wohlergehen der ganzen Familie verantwortlich. Im Schlafzimmer aufgestellt vertieft er die Beziehung und erzeugt mehr Harmonie und Glück in der Partnerschaft. Der Rosenquarz-Buddha trägt entschieden zu einem harmonischen Liebesleben bei, weil er die männlichen und weiblichen Energien (Yin und Yang) zwischen beiden Partnern im Gleichgewicht hält. Unausgewogenheiten zwischen männlichen und weiblichen Energien lassen die Liebe sterben und erzeugen Unzufriedenheit, Streit, Lustlosigkeit, Frust, Untreue und sexuelle Unlust. Ein negatives Beziehungs-Feng-Shui ist die Hauptursache der meisten Trennungen.

FENG-SHUI TIP:
Beziehungs Yin und Yang Seite 105, 117

Ihr Seelenpartner

Beidseitiges Liebesglück

Singles

Er aktiviert den Liebesbereich, stimuliert das Liebesleben, sorgt dafür, daß Sie und Ihr Partner immer von Glücksenergien umgeben sind und hilft alleinstehenden Menschen, die sich eine harmonische Partnerschaft wünschen, aus der Einsamkeit heraus. Der Rosenquarz-Buddha führt für einander bestimmte Seelenpartner zusammen und erhöht die Heiratsaussichten. Er versorgt Sie mit mehr Selbstsicherheit, Charme und Sympathie, stärkt das Zusammengehörigkeitsgefühl und verbessert die Chance für Alleinstehende, auf den Partner ihrer Träume zu treffen, indem er glückliche Gelegenheiten zum Kennenlernen herbeiführt. Menschen, die seit längerem, mehr oder weniger ungewollt, allein leben, finden mit Hilfe dieses Glücksbringers schneller aus der Einsamkeit heraus in ein glückliches und erfülltes Liebesleben. Der Rosenquarz-Buddha zieht ein gutes Liebes-Feng-Shui magisch an, entfacht beidseitiges Liebesglück und ist ein unerläßlicher Glücksbringer für Singles um ihren Seelenpartner kennen zu lernen.

Kristall-Ananas für guten Schlaf in fremden Betten und bei Vollmond

Ananasfrüchte gelten in ganz Asien als die Königin der Früchte. Sie sind gesundheitsfördernd, heilend und glückbringend zugleich. Die Kristall-Ananas dient im Feng-Shui zur Reinigung des Heims und des Gemütes vor schlechtem Feng-Shui. Die goldenen Blätter ziehen Wohlstand, Reichtum und Erfolg magisch an. In Verbindung mit dem Kristall, woraus die Frucht geschliffen ist, ist die Ananas ein hervorragender Glücksmagnet für mehr Glück in allen Lebensbereichen.

Die Kristall-Ananas mit goldenen Blättern steckt voller himmlischer Energien und verbreitet ein gutes Feng-Shui, wovon alle Anwesenden gleichermaßen profitieren. Sie begünstigt das Schicksal, harmonisiert das Miteinander unter Familienangehörigen, Geschwistern, Kollegen oder Nachbarn und sorgt dafür, daß Sie im Leben nicht vom Glück verlassen werden.

FENG-SHUI TIP: Umgebungs-Feng-Shui Seite 115

Die Kristall-Ananas ist auch ein hervorragender Glücksbringer für all jene, die in fremden Betten nicht oder nur sehr schlecht schlafen können. Sie erzeugt ein heimisches Feng-Shui und sorgt somit dafür, daß Betroffene sich in fremden Betten wie zu Hause fühlen und besser ein- und durchschlafen können. Dies trifft auch für Menschen zu, die sehr empfindlich auf die verschiedenen Mondphasen, insbesondere auf Vollmond, reagieren und nicht einschlafen können. Die Kristall-Ananas harmonisiert das anwesende Feng-Shui mit den Mondkräften und sorgt dafür, daß Sie auch in Vollmondnächten gut schlafen können. Stellen Sie diesen Glücksbringer links und rechts neben dem Bett auf. Im Kinderzimmer lindert er kindliche Nachtängste, Angt vor Dunkelheit, Angst vor Alleinsein, Nachtwandeln, Albträume und Schlafstörungen in besonderem Maße. In der traditionellen chinesischen Medizin wird die Kristall-Ananas zum Lindern von Migräne, Unterleibsbeschwerden, Hormonstörungen und zum Bewältigen von Lebenskrisen aller Art eingesetzt.

Fremde Betten

Vollmond

Dreibeinige Geldfrösche bringen Wohlstand und Erfolg

Der dreibeinige Geldfrosch zieht jene Energien magisch für Sie an, die Ihnen zu Wohlstand, Reichtum und Erfolg verhelfen. Er sorgt für ein gutes Erfolgs-Feng-Shui, damit Sie sich beruflich und geschäftlich erfolgreicher entfalten können.

FENG-SHUI TIP: Geschäftsglück Seite 108

Mehr Umsatz

Mehr Kunden

Bankgeschäft

Vertragsabschlüsse

Betriebsklima

Der Geldfrosch hat eine magische Anziehungskraft auf mehr Umsatz, Gewinn, gute Geschäftsverbindungen, gute Geschäftsideen und Einkommensverbesserungen. Er zieht mehr Kunden an, fördert das Vertrauen in die eigenen Fähigkeiten, gibt ein gutes Gespür für profitbringende Angelegenheiten, beschleunigt die berufliche Laufbahn und läßt Führungsaufgaben und neue berufliche Herausforderungen erfolgreicher meistern.

Am Arbeitsplatz sorgt er für ein gutes Betriebsklima, was wiederum auch anderen Kollegen zugute kommt. Für bevorstehende wichtige Verhandlungen, Bankgeschäfte und Termingeschäfte ist er ein unentbehrlicher Glücksbringer für Erfolg, richtige Entscheidungen und gute Vertragsabschlüsse. Stellen Sie den Geldfrosch auf Ihrem Schreibtisch oder am Arbeitsplatz auf. Tragen Sie ihn bei Verhandlungen immer bei sich in der Hosentasche oder im Aktenkoffer.

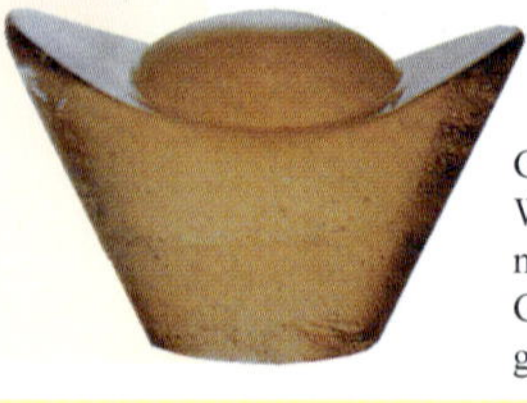

Geldbarren gehören zu den ältesten Zahlungsmitteln Chinas. Wohlstandsfördernde Glücksbringer und Glücksbuddhas sind mit diesen kräftigen Glücksbringern ausgestattet. Sie ziehen Geldglück, Wohlstand und Reichtum für ihren Besitzer magisch an. Näheres dazu auf Seite 46, 101 und 108.

Fu-Hunde halten das Unglück fern

Bestimmte Objekte und Personen in Ihrer näheren Umgebung können so voller negativer Energien sein, dass diese sich nachteilig auf Ihr Befinden, Schicksal, Einkommen, Gesundheit, Liebesglück und das Familienglück auswirken können. Dies geschieht oft unbemerkt und wird vielen Betroffenen erst dann bewusst wenn es schon zu spät ist. Auf Dauer bringt das allen Familienangehörigen viel Unglück und Unheil.

Äußere Einflüsse wie z. B. gerade Wege, Schienen und Straßen, die direkt auf Ihre Eingangstüre weisen, Stromleitungen die an Ihrem Haus befestigt sind, Sendemasten oder Fabrikanlagen und innere Einflüsse in Ihrer Wohnung, die z. B. durch ungünstige Einrichtungsgegenstände, Bücherregale, Spiegel, Deckenbalken oder Abwasserrohre ausgelöst werden, können die Harmonie und die Gesundheit aller Familienmitglieder zerstören. Deshalb ist es wichtig, das Unglück schon weit vor Ihrer Eingangstür großräumig zu vertreiben und fernzuhalten. Im Feng-Shui werden hierfür Fu-Hundepaare verwendet.

FENG-SHUI TIP:
Feindliche Strukturen und unvorteilhafte Einrichtungsgegenstände Seite 107, 116

Sie sind eine Mischung aus Löwe und Drache und werden paarweise, auf Regalen, vor Spiegeln, im Eingangsbereich, Bad und WC und auf Fensterbänken als Wachhunde für gutes Feng-Shui platziert. Fu-Hunde weisen Unglück, schlechtes Feng-Shui und negative Einflüsse aller Art ab. Sie schützen vor Unheil, Raub, Betrug, höherer Gewalt, falschen Freunden, übler Nachrede, Einbrechern und sichern das körperliche und seelische Befinden aller Bewohner. Einen Brauch, den wir hierzulande nicht nur von den Eingangsbereichen chinesischer Restaurants kennen, sondern der sich auch zur Verbesserung des Feng-Shuis im Geschäft- und Privatbereich durchsetzt. Fu-Hunde für die Wohnung sollten mind. 10-15 cm hoch sein, für ein Haus ca. 30-60 cm.

FENG-SHUI TIP:
Abwasserleitungen Seite 104

Drachenpferde bringen ein Happy-End

Das Drachenpferd, auch Glücksdrache oder chinesisches Einhorn genannt, ist ein fabelhaftes Wesen, dem starke mystische Kräfte zugeschrieben werden. Überlieferungen beschreiben, daß es Glück in größter Not bringt und für den glücklichen Ausgang noch so unglücklicher Momente sorgen kann. Im Feng-Shui gilt das Drachenpferd als starker Glücksbringer für langes Leben, Wohlstand, Gesundheit, Ruhm, Ehre, Erfolg, Ansehen und Lebensfreude. Es ist von reiner Güte, Mitgefühl und Wohlwollen beseelt und verhilft in aussichtslosen Lebenslagen zum »Happy End«.

Das Drachenpferd besänftigt die Gemüter, trägt zur Versöhnung bei und harmonisiert das innere Feng-Shui beider Partner. Die Geldmünzen, auf denen das Drachenpferd steht, bringen Reichtum, Wohlstand und schützen das Eigentum und Vermögen der ganzen Familie. In schlechten Zeiten sorgt das Drachenpferd dafür, daß die Familie wohlhabend bleibt und ihr Einkommen nicht verliert. Wenn das Jahr beruflich und wirtschaftlich erfolgreich war, sollten Sie es nicht versäumen, sich dafür bei Ihrem Drachenpferd mit 3 chinesischen Münzen an einem roten Band zu bedanken. Wenn Ihnen familiäres Glück, Liebesglück, Gesundheit und viel Gutes widerfahren ist, sollten Sie sich bei Ihrem Drachenpferd mit einem Herz aus rotem Kristall-Glas bedanken.

FENG-SHUI TIP:
Happy End
Seite 110

Drachenpferde werden einzeln im Raum an einem erhöhten Platz aufgestellt. Im Wohnzimmer stärkt es das Familienglück in besonderem Maße. Im Büro sorgt es für ein gutes Arbeitsklima, für Einkommensverbesserungen, einen sicheren Arbeitsplatz und für das Wohlwollen von Vorgesetzten. Es schützt vor Intrigen, Mobbing und mißgünstigen Kollegen. Im Kinderzimmer fördert es die Harmonie unter Geschwistern, erleichtert das Lernen und stellt Ihre Kinder unter besonderen Schutz. Im Schlafzimmer fördert das Drachenpferd das Liebesglück beider Partner.

Liebes-Drachen

Der Liebes-Drache, auch himmlischer Drache genannt, zählt zu den stärksten Glücksbringern für anhaltendes Liebesglück, Familienglück und Lebensfreude. Er sollte zum Schutz Ihrer partnerschaftlichen Beziehung und für ewige Liebe in der Wohnung, bevorzugt im Wohn- und Schlafzimmer aufgestellt sein. Das gilt besonders dann, wenn Sie seit längerem das Gefühl haben, einem negativen Liebes-Feng-Shui zu unterliegen. Dies kann sich durch eine wiederholte falsche Partnerwahl, Pechsträhnen in der Liebe, ständiges Streiten, häufige Partnerwechsel, Untreue, und schmerzhafte Trennungen bemerkbar machen.

Der Liebesdrache stellt die Liebe unter den besonderen Schutz der Liebesgötter und sorgt unter Partnern für anhaltende Liebesgefühle, Treue, Leidenschaft, Sehnsucht, Romantik, Verständnis, Vertrauen und mehr Harmonie. Hiervon profitieren alle Familienangehörigen. Das Berühren der goldenen Kugel erfüllt mit ausreichend Glück für den ganzen Tag und sorgt gleichzeitig dafür, daß das Beziehungs-Feng-Shui zwischen Mann und Frau stets in einem harmonischen Gleichgewicht bleibt, damit die Liebe für immer bleibt und nicht vergeht. Gerät dieses Gleichgewicht zwichen Yin und Yang bzw. zwischen männlichen und weiblichen Energien aus dem Lot, dann kann die Partnerschaft sehr schnell durch Streit, Vorwürfe, Anforderungen, Lustlosigkeit, Abstand und Untreue empfindlich gestört werden und zur Trennung führen. Der Liebesdrache stärkt das gegenseitige Liebes-Feng-Shui in der Partnerschaft, sorgt dafür, daß Sie immer ausreichend mit Liebes-Chi versorgt werden und schützt davor, daß die Liebe davon fließt.

FENG-SHUI TIP:
Liebes-Chi
Seite 111

Reichtumsschalen steigern den Wohlstand und schützen Ihr Vermögen

Paua-Muscheln eignen sich besonders gut für Reichtumsschalen. Siehe auch S. 66 und 87

Wenn Sie sich beruflich und finanziell verbessern möchten, benötigen Sie ein gutes Feng-Shui, das sich positiv auf Erfolg und Wohlstand auswirkt. Das trifft für Angestellte genauso zu, wie auf Selbständige. Reichtumsschalen fördern das Glück für Wohlstand, beruflichen und wirtschaftlichen Erfolg. Sie helfen dabei, Ihre Ideen und Unternehmungen gewinnbringender und karrierefördernder umsetzen zu können. Reichtumsschalen bringen gute Geschäfte, ziehen neue Kunden an und sorgen dafür, daß Sie auch in schlechten Zeiten wohlhabend und erfolgreich sind.

Gute Geschäfte, neue Kunden

Sie beschützen die ganze Familie und ein Unternehmen vor Verlust, Unglück, Armut, Konkurs, Fehlkalkulation, Konflikten am Arbeitsplatz, höherer Gewalt und Überschuldung. Bewahren Sie die Schale des Reichtums an einem versteckten Platz in der Wohnung oder im Büro auf. In ihr befinden sich die wichtigsten Feng-Shui-Glücksbringer zur Förderung von Wohlstand und zum Schutz Ihres Heimes und des Vermögens.

Schützt Vermögen, Haus und Hof

FENG-SHUI TIP: Unternehmensglück Seite 116

Traditionelle Reichtumsschalen bestehen aus Paua-Muscheln, auch Regenbogenmuscheln genannt. Sie machen durch ihre Regenbogen die glückbringenden Himmelsrichtungen in besonderem Maße auf ihren Besitzer aufmerksam, verdoppeln den wirtschaftlichen Erfolg und schützen vor Unglück, unliebsamen Gästen und Verlust. Achten Sie darauf, daß die 9 Münzen am roten Band, ganz oben liegen. Das rote Band stellt eine besonders gute Verbindung zu den wohlstandsfördernden Himmelsrichtungen her und wirkt gleichzeitig wie ein Schutzschild für Ihr Vermögen.

Glücksaltare für eine glückliche Zukunft

Glücksaltare haben in China eine uralte Schutz- und Glückstradition. Sie optimieren Ihr persönliches Umfeld in der Wohung und am Arbeitsplatz erzeugen ein gutes Umgebungs-Feng-shui und sorgen dafür, daß negative Energien so weitläufig vertrieben werden, das sie keinen Schaden mehr anrichten können. Glüksaltare tragen dazu bei, daß Ihre Wohnräume »aufatmen können« und von schlechtem Feng-Shui befreit werden. Ein schlechtes Feng-Shui kann sich nicht nur sehr negativ auf die Wohnqualität, das Betriebsklima und die Gesundheit auswirken, sondern bringt auch wiederholtes Unglück, Mißerfolge, Streit, schmerzhafte Trennungen, chronische Krankheiten und schwer überwindbare Schicksalsschläge.

Glücksaltare wehren schlechtes Feng-Shui weitläufig ab und erzeugen ein gutes Feng-Shui. Sie beenden Pechstränen, wandeln Pech in Glück um, vertreiben Unglück und wirken sich sehr positiv auf die Zukunft und das Schicksal aller Anwesenden aus.

Vom Pech verfolgt?

Glücksaltare sollten in der Wohnung überall dort plaziert sein, wo schlechtes Feng-Shui in die Wohnbereiche eindringen kann, oder wo Sie Gefahr laufen, Ihr gutes Feng-Shui durch Davonfließen zu verlieren. Hierzu zählen vor allem der Eingangsbereich, Fenster, WC, Treppen und Badezimmer. In China sind Glücksaltare äußerlich mit Zikaden verziert. Die Zikade ist ein Wahrzeichen für Glück, Schutz, Neubeginn und ewige Jugend. Im Inneren befinden sich die Glücksgöttern für Liebe, Gesundheit, Wohlstand und ein glückliches langes Leben. Glücksaltare sind die besten Glücksbringer für all jene Menschen, die vor einem Neubeginn stehen. Ob Sie sich beruflich verändern, heiraten, einen neuen Partner kennengelernt haben, volljährig werden oder sich selbständig machen, Glücksaltare garantieren einen erfolgreichen Start und stellen Ihre Wünsche und Unternehmungen unter den besonderen Schutz eines guten Feng-Shui.

Zikaden

Neubeginn

FENG-SHUI TIP:
Bad und WC
Seite 104

Jade-Buddha

Der Jade-Buddha ist untrennbar mit der chinesischen Kultur, mit Feng-Shui und der chinesischen Medizin verbunden. Er gehört zu den wichtigsten Glücksbringern und Heilern und wird als Quelle der 5 Haupttugenden verehrt: Weisheit, Gerechtigkeit, Barmherzigkeit, Bescheidenheit und Mut. Im Feng-Shui gilt grüne Jade als Wohnort himmlischer Energien und wirkt sich sehr positiv auf die Lebenserfüllung, Glück, Gesundheit, Wohlstand und den Erfolg aus.

Ihr Schutzengel

Tragen Sie den Jade-Buddha in einem roten Samt- oder Seidentäschchen bei sich und stellen Sie ihn bei sich zu Hause und am Arbeitsplatz auf. Er wehrt schlechtes Feng-Shui ab, schützt vor negativen Einflüssen, sorgt dafür, daß Sie zum richtigen Zeitpunkt das Richtige sagen oder tun und bringt Ihnen viel Glück in allen Lebensbereichen. Jade-Buddhas werden deshalb in China als Schutzengel verehrt. Sie schützen vor schmerzenden Schicksalsschlägen, bösen Geistern, schwarzer Magie, unheilbaren Krankheiten, Unfällen, voreiligen Entschlüssen und symbolisieren die ehrliche Bereitschaft, glückbringende Energien mit Herz und Seele empfangen und aufnehmen zu wollen. Das wirkt sich gleichermaßen sehr positiv auf die verschiedenen Glücksrichtungen in allen Lebensbereichen aus und steigert Wohlstand und Erfolg.

Wohlstand und Erfolg

FENG-SHUI TIP:
Chinesische Medizin Seite 106
Essenzen Seite 94

In der traditionellen chinesischen Medizin wird Jade insbesondere als Glücksbringer, Amulett, Heilstein und besonders als Essenz zur Heilung von Erkrankungen der innneren Organe, Milz-Magen-, Galle-, Leber-, Nieren- und Darmleiden verwendet. Sie kann chronische Erkrankungen, Schmerzen, Ängste, Depressionen, Migräne, Schlafstörungen und negative Blockaden lindern, die in China als wahre Ursachen der meisten Krankheiten gelten.

Donuts zum Schutz vor schlechtem Reise-Feng-Shui

Donuts sind die ältesten Schutzsymbole der Chinesen. Sie haben die Eigenschaft, alles Gute an uns heranzulassen und das Böse vom Körper fernzuhalten. In China stehen sie vor öffentlichen Gebäuden und finden sich in jedem Haushalt zum Schutz vor Krankheiten, bösen Geistern, dunklen Mächten und Unglück. Donuts beschützen die Aura vor feindlichen Übergriffen und schädlichen Umwelteinflüssen und eignet sich deshalb besonders gut zur Befreiung des Körpers von schlechtem Feng-Shui. Chinesischen Überlieferungen zufolge ist ein negatives Feng-Shui im inneren des Körpers nicht nur als unheilbringende Unausgewogenheit zwischen Körper, Geist und Seele anzusehen, sondern die größte Ursache aller Krankheiten. Donuts schützen davor und bringen das innere Yin und Yang wieder ins Gleichgewicht. Sie können deshalb erheblich zu mehr Gesundheit, Zufriedenheit und seelischer Erfüllung beitragen. Donuts stärken das innere Licht, lindern Albträume, Ängste und Schlafstörungen.

Körper, Geist und Seele

Gesunder Schlaf

Sie warnen ihren Träger vor kommenden Gefahren und schützen vor einem negativen Feng-Shui auf Urlaubs- und Geschäftsreisen. Unterwegs kann sich ein negatives Feng-Shui in Form von Flugangst, Reisefieber, starkem Heimweh, Krankheiten, Unglück, Diebstahl, Betrug und Verlust bemerkbar machen, und die ganze Urlaubsreise verderben. Schützen Sie sich und Ihre Mitreisenden mit einem Edelstein-Donut an einem Seidenband vor einem schlechten Reise-Feng-Shui und sorgen Sie so dafür, daß der Urlaub für Sie und Ihre Angehörigen von Beginn an zur Freude und Erholung wird.

Urlaub Geschäftsreisen

In der traditionellen chinesischen Medizin spielen Donuts aus heilenden und gesundheitsfördernden Edelsteinen eine wichtige Rolle. Die heilenden Steine verdoppeln das gewünschte Glück und können erheblich zur Verbesserung von Gesundheit und Wohlbefinden beitragen.

FENG-SHUI TIP:

Das Große Lexikon der Heilsteine, Düfte und Kräuter
Seite 111, 120

Lila Jade für Mutterglück, Schwangerschaft und Geburt

Lila Jade wird im Feng-Shui als Fruchtbarkeitsstein und Geburtshelfer verehrt. Sie bildet mit ihren sanften Energieströmen eine feinstoffliche Absperrung gegen alles, was der Mutter und dem Ungeborenen schaden könnte. Lila Jade schützt vor einem schlechten Feng-Shui in der Schwangerschaft, das sich verheerend auf die Gesundheit der Mutter und das Wachstum des ungeborenen Kindes auswirken kann.

FENG-SHUI TIP:
Himmelsglück
Seite 110

Lila Jade besänftigt die Emotionen der Mutter, harmonisiert den Hormonhaushalt, stärkt das Mutterglück und schützt das Ungeborene vor seelischen Leiden, die vom Alltagsstreß der Mutter auf das Kind übertragen werden könnten. Lila Jade ruft das Himmelsglück herbei und stellt die Mutter und ihr Baby unter den besonderen Schutz der Götter. Sie lindert schmerzhafte Wehen, erleichtert die Geburt und bewahrt, chinesischen Erkenntnissen zufolge, vor Fruchtverlust und Fehlgeburt.

FENG-SHUI TIP:
Feng-Shui-Essenzen
Seite 89

In der traditionellen chinesischen Medizin wird lila Jade, bsonders als Essenz, gegen Migräne, Frauenleiden, Zysten, PMS, Menstruationsbeschwerden und jene Erkrankungen verwendet, die in einem fortgeschrittenen Stadium schwer heilbar sind. Unter dem Kopfkissen oder neben dem Bett auf dem Nachttisch aufgestellt wird lila Jade zur Stärkung der Erotik, Leidenschaft und Fruchtbarkeit verwendet. Lila Jade lindert Empfängnisblockaden und beschleunigt das Zusammenkommen der Eizellen, was sich sehr positiv auf die Befruchtung und den Kindersegen auswirken kann. Lila-Jade Kugeln und Essenzen sorgen für einen tiefen, erholsamen Schlaf. Sie lindern Albträume, Schlafstörungen und kindliche Ängste vor Dunkelheit und Alleinsein.

Edelsteinbuddhas für mehr Glück in allen Lebensbereichen

Goldfluß Kristall Rosenquarz Aventurin

In China und im Feng-Shui bedeutet Glück eine gleichzeitige Erfüllung mehrerer Wünsche und Bedürfnisse in verschiedenen Lebensbereichen. Hierfür ist ein gutes Feng-Shui erforderlich, das Ihr Tun unter einen guten Stern stellt und dafür sorgt, daß Sie sich in einer Umgebung entfalten können, die weitestgehend frei von negativen Einflüssen ist. Ein schlechtes Feng-Shui ist nach chinesischer Auffassung die größte Ursache für Unglück, was sich verheerend auf die Gesundheit, Wohlstand, Liebe und die Lebenserwartung auswirken kann. Buddha-Statuen aus Edelsteinen wehren schlechtes Feng-Shui und Unglück weiträumig ab.

Die 4 Glücksbuddhas aus Aventurin, Rosenquarz, Kristall und Goldfluß unterliegen den 4 Himmelsrichtungen und verkörpern das Glück der Liebe, Gesundheit, des Erfolgs und des Wohlstands. Jeder Glücksbuddha ist aus einem glückbringenden Edelstein gearbeitet, der das gewünschte Glück auf seine eigene Art und Weise anzieht und auf seinen Träger und die Umgebung überträgt, in der er aufgestellt ist. Egal wo Sie sich gerade aufhalten, was Sie sich wünschen oder wofür Sie Schutz brauchen, vergessen Sie nicht, Ihre Buddhas um den nötigen Beistand zu bitten:

1. Der **grüne Aventurin-Buddha** trägt dazu bei, daß Ihre Wünsche und Träume in Erfüllung gehen.
2. Der **Rosenquarz-Buddha** stärkt Ihr Glück in der Liebe und fördert das Familienglück.
3. Der **Kristall-Buddha** bringt Gesundheit, Heilung, rasche Genesung und ein glückliches langes Leben.
4. Der **Goldfluß-Buddha** fördert Wohlstand, Karriere und Erfolg und schützt Ihr Vermögen.

Feng-Shui-Buddha Amulett

Edelsteinberge für Geschäftsleute, Makler und Unternehmer

Paua-Muscheln eignen sich besonders gut für Edelsteinberge. Siehe auch S. 60 und 87

Wenn Sie sich dazu entschlossen haben, ein eigenes Unternehmen zu gründen, dann dürfen Sie nicht vergessen, daß Sie von nun an viel mehr auf Glück angewiesen sind, als zuvor. Denn es gibt viele Menschen, die sich in bestimmten Fachgebieten bestens auskennen, jedoch niemals erfolgreich sind. Diejenigen, die es geschafft haben, sind sich allerdings auf die Frage hin, warum sie so erfolgreich sind, dahingehend einig, daß sie viel Glück gehabt haben. Erfolgreiche Menschen haben es über Jahre verstanden, sich bewußt oder unbewußt in einem Umfeld zu bewegen, das von einem guten Feng-Shui und somit auch von Glück dominiert wird. In China ist dieses Phänomen längst bekannt und im Feng-Shui werden deshalb auch bestimmte Glücksbringer verwendet, womit positive Energien für wirtschaftlichen Erfolg, Vertragsglück, Verhandlungsgeschick, gute Geschäfte, solide Bank- und Immobiliengeschäfte, Wohlstand und Reichtum aktiviert werden.

Bank- und Immobiliengeschäfte

Verhandlungsgeschick

Eine der besten Möglichkeiten, seine Unternehmungen und das Unternehmen selbst unter einen guten Stern zu stellen, ist ein Edelsteinberg, worauf 3 chinesische Münzen an einem roten Seidenband liegen und ein dreibeiniger Geldfrosch sitzt. Dieser Glücksbringer sorgt dafür, daß Sie sich mit all Ihren unternehmerischen Handlungen immer in der Bandbreite erfolgsversprechender Glücksrichtungen bewegen. Das sichert beständiges Wachstum, Wohlstand, Reichtum, Erfolg und bringt Überfluß, wovon auch Ihre Mitarbeiter profitieren.

FENG-SHUI TIP:
Gute Geschäftsbeziehungen
Seite 108

Stellen Sie den Edelsteinberg im Büro auf den Schreibtisch und im Kassenbereich auf. Er zieht das Glück für Wohlstand und Erfolg magisch an und schützt vor allem, was Ihrem Unternehmen schaden könnte.

Reisealtar zum Schutz vor Unglück im Urlaub und auf Geschäftsreisen

In China wird sehr stark zwischen einem heimischen Feng-Shui und unbekanntem Feng-Shui unterschieden. Heimisches Feng-Shui, egal ob es positiv oder negativ ist, ist dennoch etwas Vertrautes, mit dem die Menschen umzugehen wissen. Anders sieht dies mit einem gänzlich unbekannten Feng-Shui in fremder Umgebung aus, dem wir z. B. auf Dienstreisen oder im Urlaub ausgesetzt sind. Hier ist größte Vorsicht geboten, weil sich ein unbekanntes, negatives Feng-Shui ganz anders auswirken kann, als wir glauben oder von heimischen Energien her kennen.

Deshalb geben sich die Menschen in China gegenüber Fremden sehr aufgeschlossen und gastfreundlich, um die Geister eines unbekanntes Feng-Shui nicht zu provozieren. Feng-Shui Reise-Altare sind Ihnen dabei behilflich. Sie tragen zur Schadensabwehr herumirrender Geister und unbekannter Kräfte bei und schützen vor giftigen Pfeilen, die durch ein unbekanntes, schlechtes Feng-Shui abgeschossen werden. Reise-Altare beherbergen Glücksgötter, die dafür sorgen, daß Sie sich mit den Lebensenergien fremder Begebenheiten schneller vertraut machen können. Reisealtare schützen somit vor »Ungewußtem«, was die häufigste Ursache für vielerlei Unglück im Alltag und auf Reisen ist. Sie schützen ihren Träger vor allen Nachteilen Ortsunkundiger, wie z. B. vor Verlust, Diebstahl, Reisekrankheiten, Orientierungslosigkeit und starkem Heimweh. Sie bringen ihrem Träger auf allen Reisen viel Glück und die gewünschte Freude, Erholung und auf Geschäftsreisen den ersehnten Erfolg. Tragen Sie den Reisealtar immer in der Handtasche oder im Koffer bei sich und stellen Sie ihn im Hotelzimmer an einen erhöhten Platz auf.

FENG-SHUI TIP:
Feindliche Strukturen
Seite 107

FENG-SHUI TIP:
Reise-Feng-Shui
Seite 113

Selenit für Anerkennung, Ruhm und Ansehen

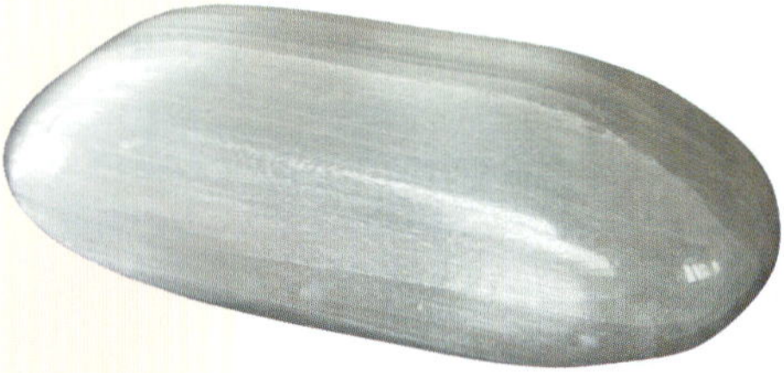

Viele Menschen möchten gerne berühmt sein, das war schon immer so. In China wird Ruhm, Anerkennung und Ansehen seit Urzeiten mit Lebenserfüllung, Selbstverwirklichung und als wichtiger Bestandteil des privaten Glücks angesehen. Allerdings lassen sich Ruhm, Erfolg, Beliebtheit und Anerkennung nur zu einem geringen Teil durch Wissen und Können selbst herbeiführen. Den größten Anteil am Ruhm hat ein wohlwollendes Feng-Shui, das sich positiv und anziehend auf das Ruhmesglück auswirkt.

FENG-SHUI TIP:
Das Glück hilfreiche Freunde zu haben
Seite 107

Dies bestätigen alle Menschen, die zu Ansehen gekommen sind. Auf die Frage hin, weshalb sie so erfolgreich sind, oder weshalb gerade sie den Sieg davongetragen haben, antworten die meisten damit, daß sie viel Glück gehabt haben. Dieses Glück, worunter auch das Glück fällt, überwiegend von hilfsbereiten und wohlwollenden Menschen umgeben zu sein, wird in China ganz bewußt mit einem polierten Selenit-Kristall herbeigerufen. In der Tasche getragen befreit er das persönliche Umfeld von schlechten Einflüssen, die sich negativ auf die Ausstrahlung, Leistung und den Erfolg auswirken können.

FENG-SHUI TIP:
Sheng-Chi
Seite 114

In der Wohnung und am Arbeitsplatz aufgestellt, verbessert dieser Feng-Shui Glücksbringer Ihr persönliches Umfeld und erzeugt ein positives, wohlwollendes Feng-Shui, das die Aufmerksamkeit Ihrer Umgebung auf sich zieht. Wichtige Menschen werden hiervon in Ihren Bann gezogen und auf Ihre Person, Aussehen, Handeln und Können aufmerksam gemacht, um Sie befördern, auszeichnen und für die Karrierelaufbahn vorschlagen zu können. Dieser Feng-Shui-Glücksbringer fördert das Mentorenglück in besonderem Maße. Er sorgt dafür, daß Sie im Leben immer ausreichend von einflußreichen Freunden und wohlwollenden Menschen umgeben sind, die Ihre Fähigkeiten erkennen, Sie fördern und weiterbringen. Er verhilft zum Durchbruch, bringt Ruhm und Erfolg und sorgt im Alltag für mehr Anerkennung, Respekt und Ansehen.

Lebenssteine für Herz und Kreislauf

Lebenssteine haben in China eine weit verbreitete Tradition als Glücksbringer und Heiler zugleich. Ihre Form ist dem Herzmuskel nachempfunden und entspricht dem Unendlichkeitssymbol im Buddhismus. Lebenssteine, auch Oloiden genannt, gelten im Feng-Shui als außerordentliche Glücksbringer für Gesundheit, Liebesglück, Wohlstand und langes Leben. Gleichzeitig erzeugen sie ein gutes Feng-Shui, das sich sehr positiv auf das Herz und den Kreislauf auswirkt.

Herz und Kreislauf

Lebenssteine aus Bergkristall schützen Ihr Herz vor »giftigen Pfeilen«, die in der traditionellen chinesischen Medizin als die häufigste Ursache für Herz- und Kreislauferkrankungen angesehen werden. Sie schützen vor schlimmen Erkrankungen, bringen Ihrem Herzen Glück, vertreiben Herzschmerzen, stärken das Herz und die Selbstheilungskräfte für lang anhaltende Gesundheit und ein langes Leben.

In einem roten Samt- oder Seidentäschchen getragen gelten Lebenssteine aus Bergkristall als ausgesprochene Glücksbringer für körperliches und organisches Glück, was besonders dem Herzen zugute kommt. Bergkristall-Lebenssteine sind auch für wahre Gefühle, die von Herzen kommen, sehr förderlich. Sie erfüllen Ihr Herz mit Liebesglück, Barmherzigkeit, Humor, Nächstenliebe und Lebensfreude, die spürbar von innen kommt.

FENG-SHUI TIP:
Gesundheits- und Heilungsglück
Seite 108, 110

Edelsteinschildkröten erfüllen Ihre Wünsche

Die Schildkröte gehört zu den bedeutendsten Glücksbringern im Feng-Shui. Sie schützt vor Unglück, Not, Krankheiten und feindlich gesonnenen Mitmenschen. Sie bringt gutes Feng-Shui und viel Glück in allen Lebensbereichen. Schildkröten bestärken Ihre persönlichen Vorhaben in besonderem Maße und können entschieden zur Erfüllung Ihrer Wünsche und zur Verwirklichung Ihrer Träume beitragen. Menschen, die augenblicklich unerfüllt sind, gelangen mit Hilfe einer Edelsteinschildkröte schneller aus den Tiefen des Lebens heraus auf die Sonnenseiten zurück.

Sonnenseiten des Lebens

In der traditionellen chinesischen Medizin werden Edelstein-Schildkröten bewußt gegen schwer heilbare Krankheiten, Hoffnungslosigkeit, Allergien, Neurodermitits und seelische Leiden aller Art eingesetzt, weil sie eine Quelle kostbarer Heilungs- und Glücksenergien sind, die Körper, Geist und Seele zu mehr Lebenslust, Heilung und Gesundheit anregen.

FENG-SHUI TIP:
Heilungsglück
Seite 110

Feng-Shui-Schildkröten aus Edelsteinen sollten besonders in den Räumen Ihrer Wohnung und im Büro aufgestellt sein, in denen Sie sich überwiegend aufhalten. In einem roten Samt- oder Seidentäschchen bei sich getragen, können Sie mit diesem Feng-Shui-Glücksbringer Ihre persönlichen Vorhaben bestärken. Im Büro schützen Schildkröten vor Intrigen, Mobbing und Arbeitsplatzverlust. Am Krankenbett können Edelsteinschildkröten wahre Wunder für den Heilungsverlauf vollbringen und für mehr Hoffnung und Lebensmut bei schwer erkrankten Menschen sorgen.

Mobbing und Arbeitsplatzverlust

Drachenschildkröten schützen vor Unheil und kommenden Gefahren

Die Drachenschildkröte gehört gemeinsam mit dem Drachen zu den himmlischen Geschöpfen und somit zu den wichtigsten Glücksbringern im Feng-Shui. Drachenschildkröten bestärken die wichtigsten Glücksebenen in allen Lebensbereichen, besonders das Glück für Reichtum, Erfolg und Wohlstand. Gleichzeitig sorgen Drachenschildkröten dafür, daß Ihre Träume und Wünsche in Erfüllung gehen.

Träume erfüllen

Chinesischen Überlieferungen zufolge können Drachenschildkröten entschieden zur Erfüllung Ihrer Wünsche, zur Selbstverwirklichung und zur Stärkung des persönlichen Glücks in allen Lebenslagen beitragen. Ein zusätzlicher Schwerpunkt liegt darin, daß Drachenschildkröten vor kommenden Gefahren und Unheil warnen und Unglück fernhalten. Sie sorgen dafür, daß Sie von unangenehmen Schicksalsschlägen weitestgehend verschont bleiben und geben Ihnen eine tiefgründige Intuition, die es Ihnen ermöglicht, Gefahren rechtzeitig zu erkennen, um sich schützen und davon fernhalten zu können. Kinder profitieren doppelt davon.

Kommende Gefahren

Starkes Schutzamulett für Kinder

Stellen Sie Drachenschildkröten gut sichtbar in den Räumen Ihrer Wohnung und im Büro auf. Böse Geister, Unglück, feindlich gesonnene Mitmenschen und schlechtes Feng-Shui werden hierdurch weitläufig abgeschirmt und wirkungsvoll vertrieben. Im Büro, Arbeitszimmer und auf Geschäftsreisen ist die Drachenschildkröte ein hervorragender Glücksbringer für beruflichen und wirtschaftlichen Erfolg. Sie zieht die Glücksenergien für Wohlstand und Reichtum magisch an, stärkt Ihr Ansehen, vergrößert Ihren Erfolg und sorgt dafür, daß sich die Münzen, worauf sie sitzt, für Sie in Reichtum und Vermögen umwandeln.

Reichtum und Vermögen

Luk, Fuk und Sau
Die 3 chinesischen Glücksgötter

Fuk, Luk und Sau sind die mächtigen chinesischen Götter für Gesundheit, Glück, Reichtum und langes Leben. Sie werden in China nicht angebetet, sondern in jeder Wohnung, bevorzugt im Eßzimmer und Eingangsbereich aufgestellt und täglich mit den Fingern berührt, um mehr Glück zu erhalten. Im Eingangsbereich fordern Sie die glückbringenden Chi-Energien zum hereinströmen auf, und verwandeln Sie in gesunde, wohltuende und glükkbringende Energien. Es empfiehlt sich, die 3 Götter miteinander an einem erhöhten Platz aufzustellen, weil sie ihre Kräfte gemeinsam am besten entfalten. Die 3 Götter lassen sich hervorragend zum Schutz vor schlechtem Feng-Shui einsetzen.

Im Esszimmer bringen Sie der ganzen Familie besonders viel Glück

FENG-SHUI TIP: Unvorteilhafte Einrichtungsgegenstände Seite 116

Sie wehren schlechtes Feng-Shui weitläufig ab und halten Unglück von Ihnen, Ihrer Wohnung und Angehörigen fern. Schlechtes Feng-Shui ist die größte Ursache für vielerlei Unglück in allen Lebensbereichen. Es kann sich nicht nur in finanziellen Verlusten oder Krankheiten auswirken, sondern auch in seelischen Belastungen unter Partnern und Familienangehörigen. Schlechtes Feng-Shui kann durch elektrische Geräte, eine unvorteilhalfte Bauweise und Einrichtungsgegenstände oder durch ein negatives Vormieter-Feng-Shui ausgelöst werden.

FENG-SHUI TIP: Vorgänger-Feng-Shui Seite 116

Wenn Sie erst kürzlich in eine neue Wohnung eingezogen sind, oder das Gefühl haben, daß es in Ihrer Partnerschaft, unter Familienangehörigen oder in anderen Lebensbereichen ohne ersichtlichen Grund zu kriseln beginnt, dann sollten Sie sich mit den 3 Glücksgöttern vor schlechtem Feng-Shui und negativen Einflüssen aller Art schützen, um das Risiko eines schlechten Vorgänger-Feng-Shui auszuschalten. Stellen Sie die 3 Glücksgötter zu Hause auf und lassen Sie sich in allen Lebensbereichen von mehr Glück für mehr Wohlstand, Anerkennung, Liebe, Gesundheit und Erfolg verwöhnen.

Delphine für Fröhlichkeit und Kinderglück

Rosenquarz für die Liebe, Amethyst für Treue, Bergkristall für Gesundheit.

Delphine bringen Fröhlichkeit, Liebesglück und ein langes, glückliches Leben. Aufgrund ihrer starken Glücksenergien wird Delphinen in ganz Asien eine besondere Bedeutung beigemessen. Ihr gutes Feng-Shui geht wie ein glücklicher Augenblick tief zu Herzen und sorgt für mehr Liebe, Glück, Humor, Romantik, Hilfsbereitschaft und Geborgenheit. Kinder profitieren doppelt davon. Delphine sind wie Schutzengel für die Liebe zweier Menschen. Sie verbinden die Herzen, bereiten den Weg zum »Du« und schaffen Vertrauen und Freundschaft. Sie lindern Angst, Neid und Mißgunst und tragen zu einem liebevollerem Umgang mit anderen Menschen und der Natur bei. Wissenschaftliche Studien belegen, daß unheilbar Kranke durch Delphine wundersame Heilungen erfahren. Im Feng-Shui und in der traditionellen chinesischen Medizin haben Delphine deshalb seit Jahrtausenden ihren festen Platz als Glücksbringer und Heiler zugleich. Sie bringen glückbringende Energien für Körper und Seele und werden deshalb in der traditionellen chinesischen Medizin zur Linderung von seelischen Leiden, Depressionen, Kummer und Ängsten aller Art eingesetzt. Lassen auch Sie sich von einem Glücksdelphin verwöhnen. Delphine aus Edelsteinen eignen sich besonders gut zum Aufstellen im Kinder- und Schlafzimmer neben den Betten. Hier wirken sie sehr besänftigend auf das Gemüt und beruhigend auf den Schlaf. Sie bringen inneren Frieden, familiäre Geborgenheit und stärken das Zusammengehörigkeitsgefühl unter Partnern und Familienangehörigen. In einem roten Samt- oder Seidentäschchen, oder als Amulett am Hals getragen, erfüllen Delphine ihren Träger mit mehr Charme, Humor und Lebensfreude, was sich auch sehr positiv auf Ihre Mitmenschen überträgt. Delphine werden im Feng-Shui auch zum Übermitteln von guten Wünschen und Danksagungen verwendet. Menschen, die sich sympathisch sind, beschenken sich in China mit Edelsteindelphinen, um Freundschaften zu festigen und Bekanntschaften zu vertiefen. Unter Liebenden erzeugen Delphine ein gutes Feng-Shui für mehr Liebes- und Eheglück.

Glücksdelfin

Harmonie in der Partnerschaft

Wünsche erfüllen

Gesundheit und langes Leben

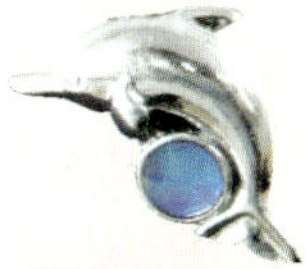

Glück, Gesundheit und Erfolg

Unvergängliche Liebe

Treue

Liebesglück

Edelstein-Frösche schützen vor schlechtem Umgebungs-Feng-Shui

Frösche in natürlicher Umgebung deuten auf eine intakte Natur hin, die in China heilig ist und als Quelle für ein gutes Umgebungs-Feng-Shui angesehen wird. Denn Landschaften, in denen keine Frösche mehr leben, deuten auf schlechtes Feng-Shui hin, das sich auch in den Lebensbereichen aller Anwohner negativ wiederspiegelt.

FENG-SHUI TIP:
Eingangsbereich, Bad und WC
Seite 104, 116

Kuan-Kung ist ein mächtiger Gott, der in der Wohnung und am Arbeitsplatz für gutes Feng-Shui und das Wohlerergehen aller Anwesenden sorgt

Edelsteinfrösche schützen davor, daß schlechtes Feng-Shui von außen in Ihre Wohnräume eindringen kann. Sie verhindern somit, daß Sie und Ihre Angehörigen vom Unglück erfaßt und mitgeschwemmt werden. Edelsteinfrösche sind hervorragende Glücksbringer für das Wohlergehen aller Anwesenden. Im Feng-Shui werden sie bevorzugt im Eingangsbereich, Badezimmer und im WC aufgestellt, weil diese Räume dazu beitragen können, daß gutes Feng-Shui und Glück aus der Wohnung davonfließen und schlechtes Feng-Shui unbemerkt einfließen kann. Dies verhindert ein Frosch wirkungsvoll. Er sorgt dafür, daß Ihre Umgebung immer mit gutem Feng-Shui erfüllt ist.

Im Wohn- und Esszimmer stärken Edelsteinfrösche das Familien-Feng-Shui in besonderem Maße. Sie verbessern die Familienbeziehungen und bringen das Herz des Hauses, und somit das Wohnraum-Feng-Shui ins Gleichgewicht, was sich gleichermaßen für Sie und alle Anwesenden durch mehr Glück, Liebe und Lebensfreude bemerkbar macht.

Edelsteinfrösche sind besonders auch sehr geeignete Glücksbringer für Ihr Zuhause, wenn Sie beruflich und geschäftlich augenblicklich sehr angespannt, gestresst und überbeanspruchtsind. Edelsteinfrösche tragen zu einer wesentlich besseren Erholung von Alltagssorgen und zur Entspannung bei Berufsstress und Burn-Out bei.

Glückselefanten bringen Glück und Liebe für die ganze Familie

Elefanten mit gehobenem Rüssel gelten als ausgesprochene Glücksbringer im Feng-Shui. Sie machen die glückbringenden Himmelsrichtungen auf ihren Besitzer aufmerksam und tragen dazu bei, daß Sie im Leben überwiegend vom Glück umgeben sind. Glückselefanten wehren schlechtes Feng-Shui und Unglück ab und sind wahre Glüksmagneten für mehr Glück in allen Lebensbereichen. Hiervon sind Wohlstand, Gesundheit und Ihre persönliche Lebenserfüllung genauso betroffen, wie das Glück für die Liebe und die ganze Familie.

Schlafzimmer

In der Wohnung, besonders im Wohnzimmer und in den Schlafbereichen aufgestellt, sorgen Glückselefanten für einen guten Schlaf. Im Schlafzimmer harmonisieren sie die unterschiedlichen Energien zwischen Mann und Frau und tragen deshalb erheblich zu mehr Harmonie, Verständnis, Leidenschaft, Vertrauen, Treue, Offenheit und Liebesglück in der Partnerschaft bei. Glückselefanten erzeugen eine tiefe Bindung unter Partnern und sorgen für wachsendes Liebesglück. Im Schlafzimmer aufgestellt, können Glückselefanten ein negatives Alltags-Feng-Shui, das Sie eventuell von der Arbeit mitbringen, weitläufig abschirmen.

Liebesglück

Chinesischen Überlieferungen zufolge haben Alltagsprobleme und materielle Angelegenheiten im Schlafzimmer nichts verloren. Sie zählen zu den Schlafzimmer-Tabus und erzeugen ein negatives Feng-Shui, das sich leicht zwischen Sie und Ihren Partner drängt und dazu führen kann, das Sie sich voneinander entfremden, Ihr Sexualleben verschlechtert und Ihre Beziehung zerstört wird. Glückselefanten schützen davor und ziehen ein gutes Liebes-Feng-Shui magisch an. Sie stärken Ihr privates Glück in allen Lebensbereichen.

FENG-SHUI TIP:
Schlafzimmer-Tabus Seite 114

Feng-Shui-Kompaß
Luo-Pan

Chinesischen Überlieferungen zufolge wurde der erste Kompaß dem »Gelben Kaiser« von den Glücksgöttern der glückbringenden Himmelsrichtungen persönlich überreicht um auf der Erde für mehr Glück, Frieden und Freude unter den Menschen sorgen zu können. Seitdem gehört der Kompass im Bagua- bzw. Kompaß-Feng-Shui zu den wichtigsten Hilfsmitteln. Er zeigt an, in welchen Bereichen Ihrer Umgebung sich die glückbringenden Energien für Partnerschaft, Familienglück, Reichtum, Gesundheit, Wohlstand, Bildungsglück, Kinderglück, Ansehen und ein glückliches langes Leben befinden. Die Kompaß-Schule beruht auf der Erkenntnis, daß jede Wohnung und jeder Raum von Energiebereichen dominiert wird. Der Kompaß hilft Ihnen dabei Ihr Leben einfacher an diesen Glücksrichtungen, die auch als die Elemente Metall, Wasser, Erde, Holz und Feuer dargestellt werden, zu orientieren. Begeben Sie sich mit Hilfe des Kompass in diese Bereiche und stärken Sie mit den in diesem Buch beschriebenen Glücksbringern Ihr Glück. Im Bagua-Feng-Shui, dessen eigentliches Hilfsmittel der Kompaß ist, wird zusätzlich ein eigens dafür vorgesehenes Energieraster verwendet. (Siehe rechtes Bild) Es zeigt Ihnen an, welche Bereiche von welchen Glücksenergien dominiert werden. Mit dem Kompaß finden Sie die richtigen Bereiche für sich heraus.

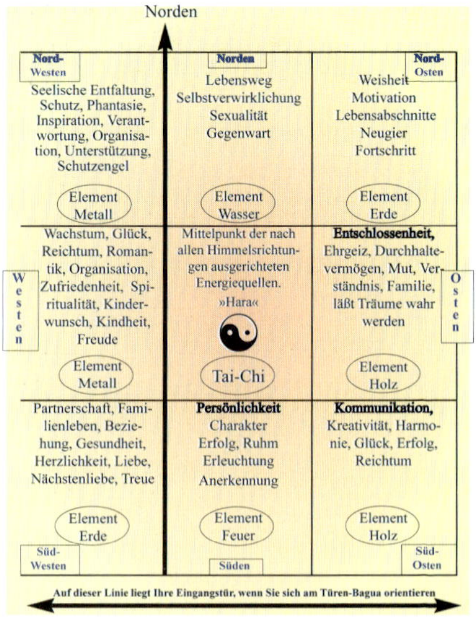

FENG-SHUI TIP:
Bagua und Kompaß-Feng-Shui Seite 104, 110

Spiegelsteine schützen vor giftigen Pfeilen, die von unvorteilhaften Einrichtungsgegenständen ausgesandt werden

blauer Goldfluß

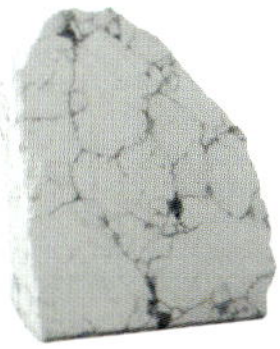

Howlith

Feng-Shui-Spiegelsteine sind hochglanzpolierte Edelsteine, die wie Spiegel glänzen. Sie gehören zu den wesentlichen Feng-Shui-Hilfsmitteln, weil sie gutes Feng-Shui magisch anziehen und schlechtes Feng-Shui wegreflektieren und so weitläufig zerstreuen, daß es keinen Schaden mehr anrichten kann. Feng-Shui-Spiegelsteine haben vielfältige Einsatzmöglichkeiten. Sie werden verwendet, um unvorteilhafte Räume, oder bauliche Fehler, wie z. B. freistehende eckige Säulen, die das Feng-Shui erheblich verschlechtern können, auszugleichen. Die besonderen Stärken von Feng-Shui-Spiegelsteinen liegen jedoch in der Erzeugung von frischen Lebensenergien, die im Feng-Shui auch als Yang-Energien bezeichnet werden. Im Gegensatz zu Yin-Kräften stehen Yang-Energien für Lebendigkeit, Aktivität, Bewegung, Wachstum, Fortschritt, Helligkeit, Licht, Wärme, Heilung, Fruchtbarkeit, Leidenschaft, Liebe und Lebenserfüllung, ein. Yang-Energien gelten in der chinesischen Yin- und Yang-Lehre, als die Art von Energie, die für die Lebendigkeit in allen Lebensformen sorgt.

Tigerauge

Jaspis

Amazonit

Rosenquarz

Wenn Sie sich zur Zeit ausgelaugt, unwohl und schwach fühlen, oder krank sind, vom Pech verfolgt werden, oder von einem Unglück nach dem anderen heimgesucht werden, dann kann ein Mangel an natürlichen Lebensenergien und ein schlechtes Feng-Shui daran Schuld sein. Schützen Sie sich und stellen Sie diesen Feng-Shui-Glücksbringer Zuhause und im Büro auf, damit sich der Yang-Energiegehalt und somit das Feng-Shui in Ihrer Umgebung schnell verbessern kann. In der traditionellen chinesischen Medizin werden Feng-Shui-Spiegelsteine aus verschiedenen Edelsteinen bevorzugt zur Linderung von Depressionen, Ängsten, Schlafstörungen, Allergien, chronischen Schmerzen aller Art und zur Beschleunigung der Heilung verwendet.

FENG-SHUI TIP:
Unvorteilhafte Einrichtungsgegenstände Seite 116

FENG-SHUI TIP:
Yin-Energie Yang-Energie Seite 117

Jade für gutes Feng-Shui zu Hause und auf Reisen

Jade gehört zu den ältesten Schutzsteinen der Chinesen. Sie hat die Eigenschaft, alles Gute an uns heranzulassen und das Böse vom Körper fernzuhalten. Jade schützt ihren Träger vor Unglück. Sie stärkt das innere Licht, lindert Albträume, Ängste und warnt ihren Träger vor kommenden Gefahren. Jade schützt auch vor einem negativen Feng-Shui auf Urlaubs- und Geschäftsreisen.

Schutz vor Unglück

Unterwegs kann sich ein negatives Feng-Shui in Form von Flugangst, Reisefieber, starkem Heimweh, Krankheiten, Unglück, Diebstahl, Betrug und Verlust bemerkbar machen, und die ganze Urlaubsreise verderben. Schützen Sie sich und Ihre Mitreisenden mit einem Jade-Schutzstein in einem Seidentäschchen vor einem schlechten Reise-Feng-Shui und sorgen Sie so dafür, daß der Urlaub für Sie und Ihre Angehörigen von Beginn an zur Freude und Erholung wird.

Krankheiten vorbeugen und heilen

In China tragen alle Menschen ein Jade-Schutzamulett zum Schutz vor Krankheiten, bösen Geistern, dunklen Mächten und Unglück bei sich oder haben Jade-Buddhas und Jade-Kugeln zu Hause und am Arbeitsplatz stehen. In der traditionellen chinesischen Medizin spielt Jade, besonders als Essenz, eine wichtige Rolle. Sie wird nicht nur zum Schutz und zum Vorbeugen gefährlicher Krankheiten verwendet, sondern auch zum Heilen, da sie das Gesundheitsglück und die glückbringenden Himmelsrichtungen für Heilung, Genesung, Gesundheit und ein langes Leben magisch anzieht.

FENG-SHUI TIP:
Gesundheitsglück Seite 108

Om

Om: Mit diesem Amulett können Sie sich direkt mit Ihren persönlichen Glücks- und Schutzengeln in Verbindung setzen. Kinder profitieren doppelt davon.

Aventurin-Buddhas und chinesische Tierkreiszeichen für alltägliches Glück

Aventurinbuddhas und chinesische Tierkreiszeichen gehören zu den beliebtesten Glücksbringern. Sie haben zweierlei Dinge gemeinsam. Zum Einen verstärkten sie das Glück Ihres Besitzers in allen Lebensbereichen und zum Anderen sorgen sie dafür, daß Ihr Besitzer vorbeiströmende Glücksenergien im alltäglichen Leben deutlicher erkennen, aufnehmen, besser für sich nutzen und umsetzen kann. Chinesischen Erkenntnissen zufolge gehen die meisten Menschen im täglichen Leben mehrfach an ihrem Glück vorbei und bleiben deshalb unglücklich und unerfüllt. Aventurin-Buddhas und ein Amulett Ihres chinesichen Tierkreiszeichens beschützen Sie davor. Sie können erheblich dazu beitragen, daß Sie im Alltag von vielen kleinen Glücksmomenten erfüllt werden, woraus sich ein glückliches Leben ergibt, indem Ihre Wünsche und Träume in Erfüllung gehen. Stellen Sie Aventurin-Buddhas bei sich Zuhause und am Arbeitsplatz auf und tragen Sie immer einen kleinen Aventurin-Buddha in einem Samt- oder Seidentäschchen bei sich, um auf die vielen alltäglichen Glücksmomente besser reagieren zu können.

Gehen Sie nicht am Glück vorbei

Ihr Tierkreiszeichen sorgt dafür, daß Ihnen die Trinität des Glücks ein Leben lang treu bleibt. Hierbei handelt es sich um die elementaren Glücksrichtungen, die jeder Mensch braucht, wenn er zufrieden, gesund, glücklich und lange Leben möchte. Ihr Tierkreiszeichen stellt die Verbindung zur Dreifaltigkeit des Glücks her und eignet sich auch hervorragend als Schutzschild vor Bösem, als Überbringer von herzlichen Gefühlen, Liebe, Freundschaft und Zusammengehörigkeit und als Glücksmagnet. Ihr Geburtsjahr ist das Jahr Ihres Tierkreiszeichens. Es wiederholt sich alle 12 Jahre.

Alle 12 Jahre

FENG-SHUI TIP:
Trinität des Glücks S. 115

鼠 **Ratte** 1924, 1936, 1948, 1960, 1972, 1984, 1996, 2008

牛 **Büffel** 1925, 1937, 1949, 1961, 1973, 1985, 1997, 2009

虎 **Tiger** 1926, 1938, 1950, 1962, 1974, 1986, 1998, 2010

兔 **Hase** 1927, 1939, 1951, 1963, 1975, 1987, 1999, 2011

龍 **Drache** 1928, 1940, 1952, 1964, 1976, 1988, 2000, 2012

蛇 **Schlange** 1929, 1941, 1953, 1965, 1977, 1989, 2001, 2013

馬 **Pferd** 1930, 1942, 1954, 1966, 1978, 1990, 2002, 2014

羊 **Ziege** 1931, 1943, 1955, 1967, 1979, 1991, 2003, 2015

猴 **Affe** 1932, 1944, 1956, 1968, 1980, 1992, 2004, 2016

雞 **Hahn** 1933, 1945, 1957, 1969, 1981, 1993, 2005, 2017

狗 **Hund** 1934, 1946, 1958, 1970, 1982, 1994, 2006, 2018

豬 **Schwein** 1935, 1947, 1959, 1971, 1983, 1995, 2007, 2019

Spiegelkristalle bringen Körper, Geist und Seele in Einklang

Spiegelkristalle gehören zu den wirkungsvollsten Feng-Shui-Hilfsmitteln. Sie reflektieren schlechtes Feng-Shui und wehren sogenannten »Tödlichen Atem« ab, der in China als die wahre Ursache für vielerlei Unglück in allen Lebensbereichen angesehen wird. Spiegelkristalle bringen ein gutes Feng-Shui in Ihr persönliches Umfeld und sorgen dafür, daß Sie überwiegend von glükkbringenden Energien umgeben sind. Spiegelkristalle bringen nicht das »große Glück«, sondern sind eher dafür verantwortlich, Ihnen den Alltag mit unzähligen kleinen Glücksmomenten zu versüßen.

FENG-SHUI TIP:
Tödlicher Atem Seite 115

Ein Schutzengel

Sie lassen sich wie Schutzengel, zum Schutz vor Unheil, Unfällen und zum beenden von Pechsträhnen verwenden. Spiegelkristalle eignen sich auch besonders dann als wirkungsvolle Glükksbringer, wenn Sie das Gefühl haben, ungerecht behandelt, vom Pech verfolgt, oder vom Glück verlassen zu sein. Sie rufen das Glück in allen Lebensbereichen förmlich zu Ihnen, stellen eine direkte Verbindung zu Ihren persönlichen Glücksrichtungen her und können erheblich dazu beitragen, daß Ihre Wünsche und Träume in Erfüllung gehen.

Körper, Geist und Seele in Einklang

Schneller Gesund

In der traditionellen chinesichen Medizin werden sie gezielt zum lindern von Krankheiten, chronischen Schmerzen, Allergien und seelischen Leiden verwendet. Sie stärken die Psyche und sorgen dafür, daß Körper, Geist und Seele in Einklang kommen, um schneller gesund zu werden.

Die richtige Entscheidung

In der Tasche getragen stärken sie die Aura und sorgen dafür, daß Sie selbstbewußt durchs Leben gehen, optimistisch sind, und die richtigen Entscheidungen treffen, um ein zufriedenes, glückliches und erfülltes Leben zu führen.

Qi-Gong-Kugeln

Qi-Gong-Kugeln sind uralte Hilfsmittel aus der traditionellen chinesischen Medizin. Die Wirkungen beruhen auf der einfachen Erkenntnis, daß bestimmte Klänge heilende Wirkungen haben und daß ein gesunder Organismus einer anderen Körperschwingung unterliegt, als ein kranker. Chinesische Heiler lernten genau zwischen den Schwingungen gesunder und kranker Organe zu unterscheiden. Sie ahmten die gesundheitsfördernden bzw. heilenden Schwingungen mit Edelmetall-Klangkörpern nach und verpackten die Edelmetallscheiben mit dem richtigen Klang in Kugeln, die die heilenden Töne in zarte Vibrationen umwandeln. Hierdurch wurde ein multifunktionales Heilmittel geschaffen, womit Geist und Seele in Einklang gebracht werden und körperliche Leiden gelindert und geheilt werden können.

Qi-Gong-Kugeln ermöglichen eine ganzheitliche Therapie für Körper, Geist und Seele. Der regelmäßige Gebrauch macht fast spielerisch fit, kerngesund, zufrieden und glücklich. Verwenden Sie Qi-Gong-Kugeln besonders bei chronischen Erkrankungen, undefinierbaren Schmerzen, rheumatischen Leiden, Atembeschwerden, Nervenerkrankungen, Gicht, Neurodermitis, Knochenerkrankungen, Muskelverspannungen, Krämpfen, Lähmungserscheinungen, Durchblutungsstörungen, starken Hormonschwankungen, Herz- und Kreislaufstörungen, Verdauungsstörungen, Blutdruckleiden, Asthma, Herzleiden, Magen-, Leber-, Nieren- und Galleleiden, Unterleibsbeschwerden und bei allen Erkrankungen, die Wucherungen und Geschwüre hervorrufen. Vor dem Schlafengehen besänftigen Sie das Gemüt und sorgen für einen tiefen erholsamen Schlaf. Sie lindern Albträume, Depressionen, Prüfungsängste und Wechseljahrbeschwerden. Bei regelmäßiger Anwendung ermutigen Qi-Gong-Kugeln dazu sich dem Leben und seinen Freuden aus vollem Herzen zu öffnen, sich mehr über sein Glück zu freuen und vertrauensvoller in die Zukunft zu blicken.

FENG-SHUI TIP:
Gebrauchsanweiseung und Wirkungs-philosophie Seite 112

Salzkristall-Lampen sorgen für ein gutes Feng-Shui

Von der Feng-Shui-Qualität in Ihren Wohn- und Arbeitsräumen wird Ihr Glücksbarometer in allen Lebensbereichen mitbestimmt. Denn eine gute Feng-Shui-Qualität ist eine wichtige Basis für Gesundheit und Glück in allen Lebenslagen. In China werden zur Verbesserung der Wohn- und Lebensqualität neben zahlreichen Feng-Shui-Glücksbringern vor allem auch Salzkristall-Lampen verwendet. Sie absorbieren krankmachende Energien aus dem Umfeld und erzeugen ein wunderbares Feng-Shui, das sich besonders positiv auf die Gesundheit auswirkt. Salzkristall-Lampen tragen erheblich zur Luftverbesserung in der Wohnung und am Arbeitsplatz bei. Eine ungesunde, ausgelaugte, schadstoffbelastete Atemluft zählt zu den bekanntesten Krankheitsursachen und erzeugt eine bedrückende spannungsgeladene, ungemütliche Atmoshpäre, die als schlechtes Feng-Shui anzusehen ist und massenweise giftige Pfeile und tödlichen Atem aussendet. Leistungsabfall, Kopfschmerzen, Nervosität, Konzentrationsstörungen, Schlafstörungen, Ängste, Beklemmungsgefühle, Migräne, Allergien, Atemwegserkrankungen, Asthma, Krebsgeschwüre, Blutdruck- und Stoffwechselleiden und alle Arten von Streit, Unzufriedenheit und zwischenmenschlichem Unglück in der Partnerschaft, in der Familie und unter Kollegen sind typische Folgen. Salzkristall-Lampen schützen davor. Sie können erheblich zur Verbesserung der Atemluftqualität beitragen und ihre Wohnung zum Kurort für Gesundheit und Glück machen. Hiervon profitieren alle Angehörigen gleichermaßen.

FENG-SHUI TIP:
Die richtige Größe
Seite 84 und 113

Eingangsbereich

Hier wirken Salzkristall-Lampen einladend, häuslich und gemütlich. Sie signalisieren Gastfreundschaft, Großzügigkeit und vermitteln jedem, der über Ihre Schwelle tritt, das Gefühl herzlich willkommen zu sein. Gleichzeitig bilden Salzkristall-Lampen einen energetischen Staubfänger im Eingangsbereich, der von außen, durch die Tür, eindringenden Staub, Blütenpollen und unglückbringende Energien filtert. Chinesischen Überlieferungen zufolge werden Salzkristall-Lampen im Eingangsbereich aufgestellt um unliebsame Gäste, Dämonen, böse Geister, schlechtes Feng-Shui und Unglück abzuwehren.

Wohnzimmer

Im Wohnzimmer setzen Salzkristall-Lampen, Teelichter und Salztempel einen erwärmenden, gemütlichen, lebensfrohen und erdverbundenen Akzent. Dies trifft besonders auf orange-rote Lampen zu. Ihr heimeliges Licht versprüht Geborgenheit, Optimismus und Lebensfreude. Es erinnert an die Glut eines gemütlichen Lagerfeuers, worum sich alle Familienangehörigen liebend gerne zum Gedankenaustausch, Plaudern, Entspannen, Meditieren oder zum geselligen Beisammensein versammeln.

Esszimmer, Küche, Essecke

Die wohltuenden Energien orange-roter Salzkristalle regulieren den Appetit und regen die Verdauung an. Dies trägt zu einer gesünderen Lebensweise bei, unterstützt Ihre Diät und beschützt vor dem lästigen Jo-Jo-Effekt. Denn Salzkristall-Lampen »atmen« wertvolle Luftvitamine aus und in diesen scheint wiederum ein wichtiger Schlüssel zu Jugendlichkeit, Gesundheit, Schlankheit und Schönheit verborgen zu liegen. Denn Mineralsalze, insbesondere das Natriumchlorid, bilden nicht nur die Magensäure, sondern sind auch echte Fettspalter, die die Fettverdauung anregen. Magen und Darm tun sich ebenfalls leichter. Hierdurch können nicht nur Blähungen, Völlegefühle, Sodbrennen und Magendruck gelindert werden, sondern auch Herz und Kreislauf werden spürbar entlastet. Darüber hinaus vermitteln Salzkristall-Lampen dort wo Sie essen mehr Zusammengehörigkeit und eine gutgelaunte, liebevolle und offenherzigere Atmosphäre zwischen allen Anwesenden. So manches Problem läßt sich beim Essen unter dem Schein einer Salzkristall-Lampe viel verständnisvoller besprechen und lösen. Nicht umsonst werden Geschäfte, Probleme und Erfolge in Asien immer beim Essen besprochen.

Feng-Shui Salztempel

Schlafzimmer

Im Schlafzimmer können Salzkristall-Lampen ganz erheblich zu einem gesunden Raumklima und einer entspannten Atmosphäre beitragen. Dies ist für die Gesundheit, für guten Schlaf und für das beidseitige Liebesglück zwischen Partnern besonders wichtig. Im Schlafzimmer empfiehlt es sich überwiegend orange-rote Lampe für Leidenschaft, Erotik, Fruchtbarkeit, sexuelle Erfüllung, Romantik, guten Schlaf, schöne Träume, Zärtlichkeit und viel Liebe aufzustellen.

Kinderzimmer

Im Kinderzimmer erzeugen orange-roter Salzkristall-Lampen ein wohltuendes Feng-Shui für die Kinderseele und Kinderglück.

Die richtige Lampengröße

Achten Sie beim Kauf Ihrer Lampe auf den Wirkungsbereich im Verhältnis zur Raumgröße, wenn Sie eine optimale Raumluftverbesserung und Atemluftionisierung wünschen. Richtwerte hierfür sind:

Lampengröße	Wirkungsbereich
S: ca 4-5 kg	**ca 10-15m²**
M: ca 5-6kg	**ca 15-20m²**
L: ca 6-8kg	**ca 20-25m²**
XL: über 8kg	**ca 25-30m²**

Wenn Sie Lampen unter 3kg verwenden, dann sollten Sie unbedingt mehrere davon aufstellen, weil die Atmungsaktivität einer Salzkristall-Lampe erst so richtig ab ca 4-5kg beginnnt. Zwei bis drei kleine Lampen bewirken die selbe Raumlufterfrischung wie eine große. Bei Teelichtern, die kleiner sind, wird diese Unterfunktion durch die offene, heiße Flamme einer Kerze als zusätzliche Chi-Energiequelle ausgeglichen.

Salzkristall-Teelicht:
Siehe Salzlicht Seite 113

Glückssterne

Bereits die Urvölker erkannten, daß der Anblick einer leuchtenden Sternschnuppe tief zu Herzen geht und dort für immer verbleibt. Sternschnuppen, Eisenmeteorite und andere Boten fremder Welten gelten als universelle Vertreter des Glücks. Sie gehören zur Familie der glückbringenden Lichtenergien und werden als Samen des irdischen Glücks verehrt. Darüber hinaus sind sie kraftvolle Energiequellen, die Körper, Geist und Seele beschützen, heilen und von lästigen Geschwüren, Leiden und Blockaden befreien. Deshalb spielen sie auch in der traditionellen chinesischen Medizin eine bedeutende Rolle. Sie versorgen ihren Besitzer mit wichtigen heilenden und glükkbringenden Energien, die auf der Erde nicht vorkommen und ermöglichen es ihrem Träger sich direkt mit den universellen Energiequellen der Liebe, der Gesundheit und des Glücks zu verbinden, um körperlich, geistig und seelisch in Einklang zu kommen und zu bleiben.

Die hierdurch erreichte Harmonie spiegelt sich in einem rundum glücklichen Leben wieder. Ihr Glücksstern sorgt auch dafür, daß negative Energien, die für Krankheiten, chronische Schmerzen, Krebs, Schlafstörungen, inneren Druck, Allergien, Depressionen, Frust, Haß und Eifersucht mitverantwortlich sind, abgewehrt werden. Außerirdische Glücksbringer sorgen für mehr Harmonie, Liebe und Treue in der Partnerschaft, bringen Heilung, Schönheit, Jugendlichkeit und sorgen für mehr Spaß am Leben. Sie erleichtern das Verständnis zwischen Mann und Frau in besonderem Maße und tragen somit entschieden zu einem rundum glücklichen Leben bei, das gleichermaßen von Liebesglück, Beziehungsglück, Gesundheit, Erfolg und Wohlstand gekrönt ist. Ihr Glücksstern hilft Ihnen dabei.

Glückssternschnuppen eignen sich hervorragend zur Erfüllung Ihrer Herzenswünsche. Schreiben Sie Ihren Wunsch auf einen kleinen roten Zettel und bewahren Sie ihn gemeinsam mit Ihrer Glückssternschnuppe im Etuit auf. Wenn Ihr Wunsch nicht zum Schaden anderer ist, wird er in Erfüllung gehen. Glückssternschnuppen sind in ganz China beliebte Geschenke zu allen familiären und beruflichen Anlässen. Tragen Sie das Etui mit Ihrem Glücksstern stets bei sich, um immer von ausreichend Glück umgeben zu sein.

Eisenmeteorit

Moldavit

Tektit

Happy-End

FENG-SHUI TIP:
Erfüllen Sie sich mit einer echten Glücksstern-schnuppe Ihre Herzenswünsche

Räucherstäbchen

Räucherstäbchen spielen im Feng-Shui eine wichtige Rolle. Ihr feiner Rauch erleichtert vorhandenen und von außen zu Ihnen hereinscheinenden Lebensenergien die Kommunikation mit Ihrer Seele. Zusätzlich trägt der feine Rauch Ihre Wünsche, Gedanken, Gebete und Nachrichten schneller zu den glückbringenden Energieplätzen, die Sie mit Liebe, Glück und Lebensenergien erfüllen und zu Ihnen zurücksenden. Im Gegensatz zu vielen asiatischen Räucherstäbchen, die oft ein wenig gewöhnungsbedürftig riechen, sind ausgesuchte Feng-Shui-Räucherstäbchen sehr mild, sanft, nahezu geruchslos und in ihren Kräften von unserer Nase kaum wahrzunehmen. Das Geheimnis echter Feng-Shui Räucherstäbchen liegt auch nicht im Duft, sondern viel mehr in Energienuancen, die weniger mit der Nase, als vielmehr mit den Sinnen unseres Unterbewußtseins wahrgenommen werden. Ihre Chakras, Gefühle, Geist und Seele können die feinen Nuancen von Feng-Shui Räucherstäbchen deutlich erkennen und hierdurch eine direkte Verbindung zu den glückbringenden und heilenden Energiequellen des Lebens herstellen. In Verbindung mit Räucherstäbchen lassen sich die Wirkungen Ihrer Glücksbringer leicht verdoppeln.

Freiheit
befreit auf mentaler, geistiger und emotionaler Ebene.

Heilkraft
hilft die Selbstheilungskräfte zu aktivieren, unterstützt die Heilung.

Humor
verleiht Freude und Gelassenheit um das Leben leichter zu nehmen.

Reinigung
inspiriert Drüsen und Chakras zur ständigen Entschlackung.

Freude
Hilft Trauer und Leid überwinden.

Vergebung
hilft Ihnen sich selbst und anderen verzeihen zu können.

Schutz
schützt die Aura vor negativen Energien, Mobbing und emotionalen Angriffen.

Vertrauen
schafft Vertrauen für Ihre eigenen Fähigkeiten und zu Ihren Mitmenschen.

Liebesglück
Zieht die liebesfördernden Glücksrichtungen magisch an.

Familienglück
Fördern die Harmonie unter den Familienangehörigen.

Wohlstand
Ziehen wohlstandsfördernde Glücksenergien magisch an.

Kindersegen
Schützen die kindliche Seele vor schädlichen Einflüssen, fördern Wachstum und geistige Reife und erleichtern das Lernen.

Tai-Chi-Ketten

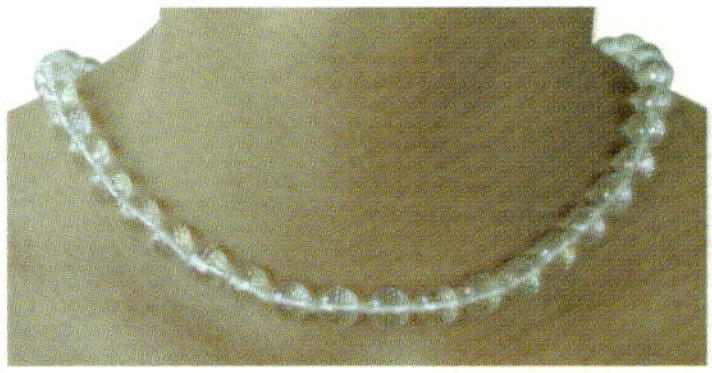

Tai-Chi-Ketten bestehen aus facettierten Kristall-Kugeln mit Regenbogen. Sie projizieren die Chi-Energien der Regenbogen direkt in Ihr Inneres und sorgen dafür, daß Negativgefühle, wie z. B. Angst, Wut, Frustration oder Streß, Ihnen nichts anhaben können. Darüber hinaus sind Tai-Chi-Ketten hervorragende Spender von Kreativität und Inspiration. Menschen, denen es schwer fällt, sich schöpferisch zu betätigen und die ihr Leben statt dessen überwiegend an praktischen Dingen orientieren, fühlen sich oft leer und ausgebrannt, weil Ihnen Chi-Energie fehlt um sich den Alltag phantasievoller und farbiger zu gestalten. Tai-Chi-Kristalle beleben die schöpferischen Fähigkeiten Ihrer Seele. Sie bringen Ihnen mehr Farbe und Lebendigkeit in den Alltag und machen Mut, Ihren intuitiven Impulsen zu folgen. Sie verleihen Ihnen einen aufregenderen frischen Teint, stellen den Kontakt zu den Energieströmen des Glücks, der Muße und des Zeitgeistes her und wecken Inspiration, Ideenreichtum und Kreativität. Tai-Chi-Kristalle sind deshalb eine gute Unterstützung für alle Bereiche, in denen Kreativität, Schönheit, Ästhetik, Geschmack und Mode gefragt sind.

FENG-SHUI TIP:
Chi-Energie Seite 106

Reinigen & Entladen

Feng-Shui Glücksbringer, Kristalle und Edel- bzw. Heilsteinketten und Heilsteine sollten ein bis zwei mal im Monat in einer mit Hämatit-Trommelsteinen gefüllten Paua-Muschelschale zum reinigen und entladen gelegt werden. Nach dem Entladen sollten Sie Ihre Glücksbringer in einer weiteren Muschelschale mit feinen kristallklaren Bergkristall-Energiesteinen positiv aufladen. Das ist Balsam für die Seele Ihrer Glücksbringer und ehrt die innewohnenden Glücksgötter in besonderem Maße. Machen Sie hiervon besonders auch dann Gebrauch, wenn Sie sich von Ihren Glücksbringern einen besonderen Dienst erhoffen, denn das Glück, das Sie hierdurch geben, kehrt mit Hilfe Ihrer Glücksgötter doppelt in Ihr eigenes Herz zurück.

Lingam`s

Natürliche Glücksquellen

Lingam bedeutet sinngemäß übersetzt soviel wie »Licht- oder Energiestrahl«. Tatsächlich werden diese formschönen Energiesteine in wenigen heiligen Flüssen Indiens und Chinas gefunden. Mönche, Yogis, Heilige, Kranke und spirituell Suchende kennen diese natürlichen Glücksquellen seit Urzeiten und verwenden diese glückbringenden Edelsteine um sich direkt mit den glückbringenden Himmelsrichtungen in Verbindung zu setzen. Lingams versorgen Ihre Seele mit Ruhe, Gelassenheit, Ausgeglichenheit und der nötigen Spiritualität um die Wege des wahren Glücks erkennen zu können. Tragen Sie diesen Glücksbringer in einem Samt- oder Seidentäschchen bei sich oder an einer Kette um Ihren Hals.

Shiva-Lingam

Shiva Lingam`s

sorgen für Gelassenheit, Entspannung, Selbstverwirklichung und geistige Klarheit. Shiva-Lingam´s spenden die Energie, die Sie brauchen um emotionale Krisen besser bewältigen zu können, um den Überblick zu behalten, um von den Stimmungen anderer unabhängig zu sein, um gedankliche Ruhe zu finden, um flexibler und kreativer zu werden und um sich vor den negativen Gedanken anderer Menschen zu beschützen.

Kristall-Lingam

Kristsall-Lingam`s

Sorgt für Gesundheit und beschleunigt die Heilung. Er gibt Einblick in die wahren Ursachen Ihrer Leiden und hilft Ihnen, Sie zu beseitigen. Kristall-Lingams spenden pure Heilkraft, frische Lebensenergie und verbinden Sie direkt mit den Energien, die für Ihre Gesundheit verantwortlich sind. Kristall-Lingams helfen bei totaler körperlicher und geistiger Erschöpfung, Burn-Out, Schock und bei chronischen Schmerzen.

Rosenquarz-Lingam

Rosenquarz-Lingam`s

Sorgen für viel Liebe, Zuwendung, Begehrtheit und Charme. Rosenquarz-Lingams fördern die Erkenntnis, daß Liebe nur in Freiheit existieren kann. Sie beschützen vor typischen Zerstörern der Liebe wie z. B. Neid, Haß, Mißtrauen und Eifersucht und befreien vor Bindungsängsten und Ängsten vor Intimität und Nähe. Rosenquarz-Lingams sorgen dafür, daß der typische Funke zu einem von Ihnen begehrten Menschen überspringt oder daß Sie sich trauen den ersten Schritt zu wagen.

Bagua-und Feng-Shui-Essenzen

Essenzen sind eine hervorragende Ergänzung zu allen Feng-Shui-Glücksbringern. Sie beruhen in ihren Wirkungen auf den Erkenntnissen der traditionellen chinesischen Medizin, ohne Nebenwirkungen, und erfreuen sich in ganz Asien größter Beliebtheit. Gemeinsam mit Feng-Shui-Glücksbringern stellen sie eine der höchsten Therapieformen für Körper, Geist und Seele dar, die sich innerlich und äußerlich für mehr Glück und Gesundheit in allen Lebensbereichen anwenden läßt.

Bagua-Essenzen:

Bagua-Essenzen

Die Bagua-Essenzen spiegeln in ihren feinstofflichen Wirkungen die 9 Hauptglücksrichtungen wieder. Hiermit können Sie die wichtigsten Glücksenergien für allgemeines Wohlbefinden dauerhaft an sich binden.

Feng-Shui Essenzen:

Feng-Shui-Essenzen

Sind auf bestimmte Leiden abgestimmte Essenzen. Sie sind dafür geeignet sich von bestimmten Leidensenergien zu befreien und können erheblich zu mehr Glück und Gesundheit beitragen.

Bagua- und Feng-Shui-Essenzen sind Lichtenergieessenzen, die aus Sonnenlicht und reinsten Edelsteinen unter der Berücksichtigung glückbringender Himmelsrichtungen hergestellt werden. Sie sind Energiequellen die den Geist beflügeln, die Seele nähren, Ihren Körper mit frischer Lebenskraft versorgen und Ihr Umfeld mit gutem Feng-Shui bereichern, damit Sie ein rundum zufriedenes und glückliches Leben führen können.

Anwendung und Dosierung:

Nehmen Sie von der gewünschten Essenz morgens auf nüchternen Magen, mittags vor dem Essen, nachmittags und abends vor dem Schlafengehen bzw. unmittelbar vor allen Situationen je 5 Tropfen ein, die Ihnen unangenehm sind, oder wo Sie vermehrt auf positive Energien und gutes Feng-Shui angewiesen sind. In der traditionellen chinesischen Medizin ist es üblich mehrere Essenzen zu einem Elixier zu mischen. Um die Wirkungen nicht zu verfälschen sollten nicht mehr als 5 verschiedenen Essenzen miteinander gemischt werden. Essenzen sind auch deshalb so beliebt, weil Sie überallhin mitgenommen und jederzeit eingenommen werden können

1. Bagua-Essenz

Für Lebenserfüllung und persönliches Glück

Wer den wahren Sinn des Lebens kennt und seinen Lebensweg gefunden hat ist glücklich, weil er weiß, daß das Leben selbst das Ziel ist. Er ist somit kein Suchender mehr, der ziellos durchs Leben hetzt, sondern wird rasten, genießen und sich in Sicherheit, Ruhe und Liebe entfalten können. Nach dem Feng-Shui liegt hierin die wahre Karriere des Lebens verborgen. Die Essenz unterstützt Ihre Persönlichkeit, entfaltet Ihren Charakter und verhilft Ihnen zu Erfolg, Ruhm, Erleuchtung und Anerkennung.

2. Bagua-Essenz

Für Liebesglück, Ehe und Partnerschaft

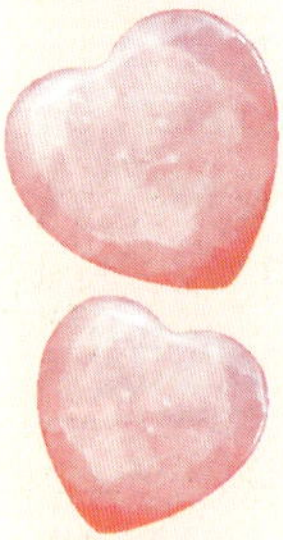

Liebe und Partnerschaft bringen das größte Glück des Lebens, egal wie jung, alt, arm oder reich Sie sind. Liebesglück übertrifft die meisten anderen Glücksebenen. Doch leider ist dieses Glücksgefühl für viele Paare nur von kurzer Dauer. Sie werden zu schnell vom Alltag überrollt, können die verschiedenen Glücksempfinden untereinander nicht nachvollziehen und akzeptieren oder sie lassen sich von jenen Mitmenschen ins eigene Glück hineinreden, die augenblicklich am unglücklichsten sind. Diese Essenz bestärkt die gegenseitige Liebe in der Partnerschaft, hilft Vorurteile abbauen, traditionelle Erwartungshaltungen lösen, räumt Mißverständnisse aus und beschützt vor partnerschaftlichen Spannungen und Trennungsmechanismen. Die Feng-Shui-Kräfte dieser Liebes-Essenz lassen sich zusätzlich durch ein Edelsteinherz aus Rosenquarz verstärken. Es zieht die erforderlichen Liebesenergien zusätzlich an und schirmt die glückliche Partnerschaft vor negativen Einflüssen, neidischen Mitmenschen und anderen düsteren Energiequellen ab. Die Essenz verschafft beiden Partnern die Fähigkeit einander besser verstehen und aufeinander eingehen zu können.

3. Bagua-Essenz

Für Ihre Lebenshierarchie

Nur wer seinen Platz im Leben gefunden hat wird sich aus innerer Überzeugungskraft heraus verwirklichen können. Menschen, denen dieser ruhende Pol noch fehlt, werden so lange rastlos durchs Leben irren, bis sie ihn gefunden haben. Die Essenz vermittelt innere Ruhe und gibt Kraft, Selbstvertrauen und Selbstbewußtsein. Sie verschafft Ihnen die Fähigkeit Ihr Leben im Hier und Jetzt intensiver genießen, ausleben und verwirklichen zu können. Dies überträgt sich auch positiv auf Angehörige, Freunde und Kollegen und fördert Ihr Beziehungsglück in allen Lebensbereichen. Hieraus kann sich für Sie in kürzester Zeit ein feines Beziehungsnetz entwickeln, daß Sie in Krisenzeiten auffängt und in dem auch Sie gebraucht werden. Diese Hierarchie, als Teil eines familiären und sozialen Netzes gesehen, vermittelt grüßte Geborgenheit, Integration und Heimatgefühle. Sie werden zum Halt Ihrer Familie, Freunde und Kollegen und als Dank dafür werden auf Sie in besonderem Maße geschätzt, geachtet, aufgefangen und geliebt.

Für Gesundheit und langes Leben

4. Bagua-Essenz

Gesundheit ist Ihr wichtigstes Gut. Leider wird Gesundheit für die meisten unter uns erst dann zum größten Glück, wenn Sie krank geworden sind. Glücksgefühle sind nicht nur für ein gesundes langes Leben maßgeblich, sondern können auch stärkste Leiden wie z. B. Krebs besiegen. Menschen die glücklich sind fühlen sich rundum wohl und sind kerngesund. Im Gegensatz dazu sind Menschen, die unglücklich sind meist gleichzeitig auch einsam, unzufrieden und krank. Die Essenz beflügelt Ihre inneren Glückszentren und bewirkt, daß Körper, Geist und Seele ganzheitlich mit ausreichend Chi-Energie versorgt werden, damit Ihnen Glück und Freude nicht ausgeht. Wußten Sie z. B., daß die meisten Viren, Krebs, Migräne, Allergien, vorzeitige Alterserscheinungen und unzählige andere Leiden überwiegend nur bei Menschen auftreten, die innere Herde der Mißgunst, des Neides, der Unzufriedenheit und andere Blockaden in sich tragen? Feng-Shui und Chakra-Therapeuten gehen sogar davon aus, daß diese Blockaden die Ursachen aller Krankheiten sind. Diese Essenz beflügelt auch jene Glücksenergien in Ihrem inneren, die gleichzeitig auch heilungsaktiv sind. So werden Sie schnell wieder gesund.

Feng-Shui-Amulett für langes Leben

Für spirituellen Reichtum, Wohlstand und Erfolg

5. Bagua-Essenz

Nur wer in der Lage ist erkennen zu können, daß wahrer Reichtum nur wenig mit Geld und Besitz zu tun hat, ist dem wirklichen Glück auf der Spur. Natürlich macht das mit eigenen Händen verdiente Geld stolz und es beruhigt das Gewissen, glücklich macht es jedoch nicht. Alle Menschen die zu materiellem Reichtum gekommen sind, haben plötzlich schmerzlich erkennen müssen, daß sie in Wirklichkeit unglücklich und arm sind. Viele unter ihnen waren trotz Reichtum sogar so unglücklich, daß sie sich das Leben genommen haben. Die Essenz ermöglicht den Einblick zu den wahren Reichtümern des Lebens und läßt rechtzeitig erkennen, daß alles Geld dieser Welt nicht einmal ein winziger Tropfen auf dem heißen Stein des wahren Glücks ist, wenn Sie z. B. von Ihrem Partner verlassen werden oder wenn Sie von einer schlimmen Krankheit heimgesucht werden. Glück läßt sich einfangen, erflirten, erkennen und genießen, jedoch niemals kaufen und wenn Sie glücklich, erfolgreich und zufrieden sind, wird auch der materielle Erfolg nicht lange auf sich warten lassen.

6. Bagua-Essenz

Für Freundschaftsglück

Mit diesen Glücksenergien sind keineswegs nur die Energien gemeint, die gute Freunde miteinander verbinden, sondern auch die Energien Ihrer himmlischen Freunde und Schutzengel, die Ihnen hilfreich zur Seite stehen. Wer Freunde hat ist nie allein und wem die guten Geister seiner Freunde und anderer wohlwollender Mitmenschen zur Seite stehen, empfindet dies als großes Glück. Die Essenz hilft Freundschaften erhalten und neue Freunde gewinnen. Sie bewahrt vor dem Fehler den viele Menschen begehen, wenn es Ihnen gut geht. Nämlich den, Ihre Freunde zu vernachlässigen, wenn Sie glauben unsterblich, erfolgreich und unabhängig zu sein. Doch das Leben ist eine Achterbahn und wer seine Energiequellen versiegen läßt braucht sich nicht zu wundern, daß sie ausgetrocknet sind, wenn man selbst in der Krise steckt. Halten Sie mit Hilfe der Essenz den Kontakt zu Ihren wahren Freunden und Glücksgeistern aufrecht. Lernen Sie erkennen, daß Ihre Freunde Sie dann am meisten brauchen, wenn Sie gerade auf Erfolgskurs sind und umgekehrt. Denn nicht alle Menschen sind gleichzeitig glücklich.

7. Bagua-Essenz

Für Lebensfreude

Nur wer gelernt hat, daß Glück und Freude nicht irgendwo zu suchen sind, außer im eigenen Herzen, kann glücklich werden. Die Essenz ebnet die Wege zur wahren Lebensfreude und läßt erkennen, daß Liebe und Glück nur im Augenblick der Gegenwart greifbar sind. Die Essenz ermöglicht über den eigenen Schatten zu springen und über sich selbst lachen zu können. Sie befreit von zu engen geistigen und moralischen Normen und macht somit frei und unabhängig. Die Essenz läßt erkennen, daß Sie selbst, und das sprichwörtliche Glück für Ihr Glück verantwortlich sind und sonst niemand. Sie erleichtert es Ihnen die Folgen aus Ihrem eigenen Tun oder Nichttun besser erkennen und vorzeitig abschätzen zu können. Das große Glück von Unabhängigkeit, Selbständigkeit, Freiheit, Selbstverwirklichung und mit beiden Beinen fest im Leben zu stehen ergibt sich aus den neuen Horizonten, die Ihnen durch diese Essenz zugänglich werden.

Für Weisheit

8. Bagua-Essenz

Die Quellen der Weisheit sprudeln aus den Erfahrungen Ihres eigenen Lebens. Sie führen zur inneren Mitte, Zufriedenheit und Reife. Wer sich selbst, seinen Platz und seine innere Mitte kennt, weiß auch, daß jede Generation ihre eigenen Erfahrungen auf ihre Weise machen muß um reifen zu können. Allerdings liegt für jeden Menschen die Wahl des Lebens darin, ob er die Dinge des Lebens mit Freude, Glück, Liebe und Lust aktiv mitgestaltet, oder ob die Dinge des Lebens mit Ihm ihr Spielchen treiben. Jeder ist seines Glückes Schmied! Die Essenz vermittelt innere Ruhe, Gelassenheit und Ausgewogenheit. Sie macht Ihre Persönlichkeit für Sie zum Fels in der Brandung, auf den Sie und andere sich verlassen können. Hierdurch werden Sie freier von Ängsten und Selbstzweifeln und finden zu dem Glück, wovon »weise« Menschen berichten.

Für Glückseligkeit

9. Bagua-Essenz

Dieses wunderbare Glücksgefühl ergibt sich automatisch, wenn Sie es geschafft haben, die Hauptglücksrichtungen in allen Lebensbereichen ständig für sich nutzen zu können. Die Glückseligkeit ist ein rundum zufriedenes Lebensgefühl, ein erfülltes Dasein, Liebe und Gesundheit in Einem. Wunschlos glücklich! Dieses Stadium vollkommenen Glücks läßt sich von Ihnen selbst dahingehend hinterfragen, ob es noch viele unerfüllte Träume für Sie gibt, ob Sie mit Ihrem Leben zufrieden sind, ob Sie, wenn Sie könnten, Ihr Leben noch einmal genauso Leben würden wie bisher, oder nicht. Um so weniger Punkte Sie mit einem deutlichen Nein beantworten können, um so näher sind Sie dem Stadium vollkommener Zufriedenheit und Glückseeligkeit. Umso älter werden Sie und umso weniger Angst haben Sie vor dem Altern und dem Sterben. Die Energien dieses Feldes gehen nahtlos in die glückbringenden Him-

melsrichtungen über, womit sich der Feng-Shui Energiekreislauf schließt. Die Essenz verleiht die Fähigkeit wahre Glücksaspekte deutlich erkennen und festhalten zu können. Sie verschafft mehr Respekt vor dem Leben in all seinen Formen und beschützt vor Senilität und vorzeitigen Alterserscheinungen.

Feng-Shui-Essenzen

Im Gegensatz zu mittelalterlichen Alchemisten und westlichen Ärzten haben die Chinesen schon vor tausenden von Jahren herausgefunden, daß es weder nur ein einziges Elixier des Lebens, einen einzigen Gott oder einen einzigen Glücksbringer gibt. Viele Wege führen zu Liebe, Glück und Gesundheit, weil es so viele Gesichter des Glücks gibt, wie es Menschen gibt. Jeder Charakter hat seine Eigenarten und jede Seele hat Ihre persönlichen Vorlieben und Abneigungen. Deshalb waren Chinesen und Buddhisten nie darauf aus eine Einheitsmedizin erfinden zu wollen, sondern daran interessiert, mit möglichst vielen verschiedenen Glücksbringern den jeweiligen Bedürfnissen, Ängsten und Krankheiten gezielt und ohne Nebenwirkungen entgegenwirken zu können. Auch Feng-Shui-Essenzen beruhen in ihrer Herstellung auf dieser Tradition. Egal, woraus für Sie bisher die Hindernisse am Glück bestanden, die gewünschte Feng-Shui-Essenz kann negative Energienester in Ihrem Inneren aufspüren, beseitigen und sich wohltuend im Körper verteilen, um ihn zu stärken, Ihren Geist zu beflügeln und um Ihre Seele zu streicheln. Verwöhnen Sie sich!

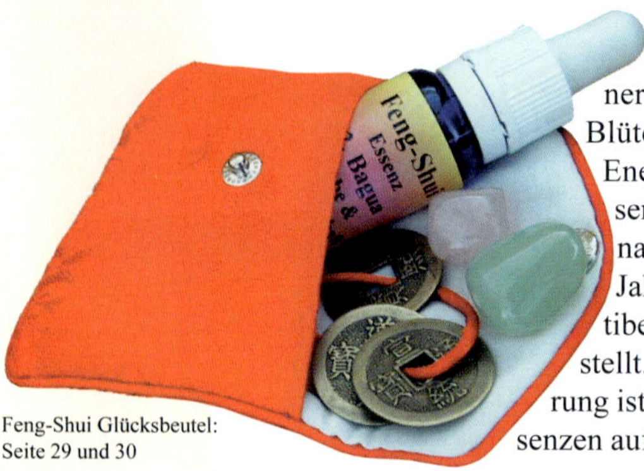

Feng-Shui Glücksbeutel: Seite 29 und 30

In jeder Essenz existieren die Lebensenergien verschiedener Feng-Shui-Glücksbringer, Blüten, Heilsteine und anderer Energiequellen. Feng-Shui-Essenzen werden heute noch, genauso wie vor tausenden von Jahren, nach chinesischen und tibetanischen Rezepturen hergestellt. Die Anwendung und Dosierung ist gleich wie die der Bagua-Essenzen auf Seite 98.

Diese Essenz stärkt die körperlichen und seelischen Abwehrkräfte. Sie fördert die Selbstheilungskräfte und beschützt vor emotionalen Übergriffen.

Abwehrkräfte stärken

Diese Essenz lindert dunkle Ahnungen, diffuse Ängste und Alpträume. Sie lindert nagende Schuldgefühle, Sorgen und andere Probleme, die Sie bis in den Schlaf verfolgen.

Albträume lindern

Diese Essenz lindert allgemeine und übertriebene Ängste vor alltäglichen Begebenheiten, wie z. B. vor Prüfungen, vor dem Fliegen, Auto fahren und Lampenfieber. Sie lindert Versagensängste und stärkt das Selbstvertrauen.

Ängste lindern

Diese Essenz lindert Ärger und andere innere Anspannungen. Sie fördert gegenseitiges Verständnis und sorgt dafür, daß sich unterdrückte Emotionen noch rechtzeitig befreien können, bevor Sie zu unkontrollierbaren Ausbrüchen, Herzinfarkten oder Schlaganfällen führen.

Ärger beseitigen

Diese Essenz stärkt Ihre Aura und beschützt Sie vor schädlichen Umwelteinflüssen und emotionalen Übergriffen. Besonders Menschen die in der Öffentlichkeit stehen sollten Ihre Aura hiermit schützen.

Aura stärken

Diese Essenz gibt Ihnen Schutz und hilft Ihnen aus emotionalen Krisen heraus. Sie eröffnet Ihnen neue Lösungswege, weckt Hoffnung und verleiht Ihnen die Fähigkeit über Ihr augenblickliches Leid hinausblicken zu können. Die Essenz hilft auch bei grenzenloser Verzweiflung. Sie befreit die Seele aus der Dunkelheit.

Ausweglosigkeit beenden

Diese Essenz hilft Ihnen wenn sich Probleme und Gegensätzlichkeiten in Ihrer Partnerschaft abzeichnen. Sie fördert die Einheit von Herz und Verstand, bewirkt, daß Sie Ihre Empfindungen deutlicher zum Ausdruck bringen und hilft Ihnen dabei in Krisen nicht den Mut zu verlieren. Die Essenz schafft mehr Verständnis füreinander und sorgt dafür, daß in Krisenzeiten die Liebe nicht auf der Strecke bleibt

Beziehungsprobleme lösen

Diese Essenz lindert Depressionen, Ängste und Niedergeschlagenheitsgefühle, die durch emotionale Konflikte, Pessi-

Depressionen lindern

mismus oder Enttäuschungen ausgelöst werden. Sie bringt die Lebensfreude zurück, stärkt Ihr Selbstvertrauen, macht Mut für einen Neuanfang und vertreibt dunkle Wolken aus dem Gemüt.

Eifersucht mildern

Diese Essenz lindert den Wunsch nach Kontrolle und permanenter Überidentifikation mit dem Partner. Sie lindert übertriebene Verlustängste und Öffnet die Augen dafür, daß man einen noch so geliebten Menschen nicht nur für sich alleine besitzen kann.

Einsamkeit beenden

Diese Essenz hilft Ihnen sich zu öffnen, innere Barrieren und Hemmungen überwinden. Sie erleichtert Ihnen die Kommunikation mit anderen, stärkt Freundschaften und soziale Kontakte und befreit Sie aus Einsamkeit und Isolation.

Emotionen befreien

Diese Essenz befreit Ihre Emotionen aus Stauungen und Blockaden. Sie lindert inneren Druck, läßt Sie offener mit eigenen und den Gefühlen Ihrer Mitmenschen umgehen und befreit von tiefer Traurigkeit und Melancholie.

Energie bringen

Diese Essenz bringt frische Chi- bzw. Lebensenergien. Sie erleichtert die Umsetzung von Ideen und Vorstellungen in die Realität, hilft die eigenen Grenzen und innere Hemmungen überwinden und bringt Temperament in Ihr Leben. Sie lindert Antriebsschwäche, hält ein frisches, gesundes Energieniveau aufrecht, schafft Durchhaltevermögen und lindert Erschöpfung und Burn Out. Die Essenz ist ein allgemeiner Kraftspender bei seelischer und körperlicher Erschöpfung.

Entgiften

Diese Essenz reinigt von bedrohlichen inneren Bildern, negativen Gedanken und hilft Ihnen auch dabei Gewohnheiten, die die Sinne benebeln ablegen zu können. Sie löst alte seelische Ablagerungen, regt die Selbstheilungskräfte an, und sorgt auch dafür, daß Giftstoffe, die in Lebensmitteln vorhanden sind besser von Ihrem Körper ausgeschieden werden können.

Entspannen

Diese Essenz lindert innere Unruhe, starke Anspannungen, verdrängte Probleme und andere quälende Sorgen, die sich negativ auf den Magen, die Verdauung und das Gemüt auswirken. Sie löst emotionalen Streß, Nervosität, Suchtverhalten und vermittelt Ruhe & Gelassenheit.

Diese Essenz gibt Ihnen die Kraft der Versuchung zu widerstehen. Sie befreit von inneren Sorgen, und nimmt der Eßsucht somit den Nährboden als Ursache, den Sie zuvor mit übermäßigem Essen zudecken wollten. Die Essenz kann bei Magersucht, Bulimie, zwanghaftem Eßverhalten und als Ergänzung zu allen Diäten verwendet werden.

Eßsucht lindern

Diese Essenz hilft Ihnen und Ihren Angehörigen aus schwierigen Familienkrisen heraus und sorgt für mehr Harmonie.

Familienglück fördern

Diese Essenz bringt Zuversicht, heitere Gelassenheit, weckt Lebensfreude und Begeisterung. Sie hilft aus Niedergeschlagenheit, emotionalen Krisen und Resignation heraus.

Freude

Diese Essenz steigert Fruchtbarkeit und Potenz. Sie erleichtert die Empfängnis und steigert die Lebensfreude im Bett.

Fruchtbarkeit

Diese Essenz stärkt den Glauben an Ihre eigene Leistungsfähigkeit, Gesundheit und an die Lichtbringer des Glücks. Sie fungiert als seelischer Schutz, aktiviert die Selbstheilungskräfte und hilft bei Mutlosigkeit, Niedergeschlagenheit und Hoffnungslosigkeit. In Krisenzeiten verhilft die Essenz zu neuen Lichtblicken.

Glaube stärken

Diese Essenz beschleunigt die Heilung bei Schmerzen, Schock und nach seelischen Erschütterungen. Sie verschafft Einblick in die Ursachen von Krankheiten und beschützt vor bleibenden Schäden.

Heilkraft beschleunigen

Diese Essenz beschützt und stärkt Ihr Herz. Besonders bei Streß, Erschöpfung und bei hoher Anspannung aufgrund emotionaler Konflikte, bewahrt Sie vor Haß, Mißgunst und Eifersucht und hilft Ihnen Zuneigung und Nähe zum Ausdruck zu bringen. Die Essenz öffnet das Herz, besänftigt Ihr Innenleben, ist Balsam für Herz und Kreislauf.

Herz stärken

Diese Essenz bringt heitere Gelassenheit, Fröhlichkeit und Zuversicht bei Niedergeschlagenheit und »schwerem Herzen«.

Humor fördern

Diese Essenz reinigt Körper und Seele, unterstützt den Heilungsprozeß und stärkt die Wiederstandskräfte des Immunsy-

Immunsystem stärken

stems. Sie gibt Schutz vor negativen Umwelteinflüssen, stärkt die Aura und wird in China gegen Allergien eingesetzt.

Karriere fördern

Diese Essenz läßt Sie das richtige Maß zwischen beruflichem Erfolg, Partnerschaft und Selbstverwirklichung finden. Sie stärkt Geist und Körper um hohen Anforderungen gewachsen zu sein und beschützt Sie vor Burn-out, Workoholik und karrierebedingten kompromißlosen Verhärtungen Ihrer Seele.

Kinder

Diese Essenz verschafft Kindern Geborgenheit, Urvertrauen und innere Sicherheit. Dies ist besonders für Trennungskinder sehr wichtig. Die Essenz lindert Schlafstörungen, Albträume und Eifersucht unter Geschwistern. Sie besänftigt das Gemüt in der Trotzphase, anderen kritischen Lebensphasen und erleichtern den Kindergarten-und Schulanfang. Die Essenz wird auch bei Sprechstörungen, Lernschwierigkeiten und stottern eingesetzt. Erwachsenen erleichtert die Essenz den Zugang zur Seele Ihrer Kinder.

Kontaktängste lindern

Diese Essenz lindert Kontaktschwierigkeiten und Hemmungen dabei, Nähe, Zuwendung und Gefühle zeigen zu können. Sie fördert Offenheit, Umgänglichkeit und Freundschaft.

Konzentration verbessern

Diese Essenz lindert Konzentrationsmangel, Zerstreutheit und leichte Ablenkbarkeit. Sie fördert Ordnung und Organisation, erweitert den geistigen Horizont und verschafft den Überblick im Kleinen genauso wie über die großen Zusammenhänge. Die Essenz hilft dabei sich besser auf die Gegenwart konzentrieren zu können.

Krativität fördern

Diese Essenz unterstützt jede Art der Kreativität. Ihre schöpferische Energie schafft Durchhaltevermögen fördert Inspiration, stärkt das Selbstvertrauen und hilft Ihnen nach Fehlschlägen wieder auf die Beine.

Kummer lösen

Diese Essenz lindert innere Qualen, Ruhelosigkeit, Herzschmerzen und Liebeskummer. Sie befreit vor übertriebenen Sorgen und Ängsten um das Wohl geliebter Menschen, lindert tiefe Seelennot, führt aus grenzenloser Verzweiflung und gibt Ihnen das sichere Gefühl die Grenzen Ihrer Kräfte besser Einschätzen zu können.

Lampenfieber bekämpfen

Diese Essenz lindert Lampenfieber und nervöse Ängste. Sie beschützt und stärkt Menschen, die oft in der Öffentlichkeit stehen, koordiniert die Gedanken, befreit vor Prüfungs- und Versagensängsten und stärkt Ihr Selbstvertrauen um überzeugend zu sein.

Lebensfreude fördern

Diese Essenz bringt Heiterkeit, Zuversicht, lindert Depressionen und vertreibt dunkle Wolken aus Ihrem Gemüt.

Lebenskraft stärken

Diese Essenz steigert die Lebenskraft und erleichtert den Heilungsprozeß. Insbesondere nach starken Schockerlebnissen und bei totaler Erschöpfung bringt die Essenz neuen Lebensmut.

Lernschwierigkeiten beheben

Diese Essenz schafft geistige Klarheit, verbessert die Aufnahmefähigkeit und hilft Ihnen sich an gelerntes besser erinnern zu können.

Mutlosigkeit beenden

Diese Essenz gibt neuen Mut, Zuversicht und Gelassenheit. Sie lindert mangelndes Selbstvertrauen und übertriebene Schuldgefühle. Die Essenz ist auch dann sehr ratsam, wenn Sie augenblicklich überfordert sind, wenn viele Dinge gleichzeitig getan werden müssen, oder wenn Ihnen Ihr Leben sinnlos erscheint.

Pubertät bewältigen

Diese Essenz reguliert die emotionalen Schwankungen in der Pubertät und erleichtert den Übergang ins Erwachsenenleben. Sie schützt Jugendliche vor dominanten Einflüssen, lindert Furcht vor Intimität und Sexualität und verschafft Entschlossenheit über Zukunft und Berufswahl.

Rauchentwöhnung schaffen

Diese Essenz hilft Ihnen dabei sich aus der Abhängigkeit von Zigaretten oder Drogen lösen zu können. Sie macht stark, unterstützt den Willen und die Zielstrebigkeit und beschützt Sie davor, wieder rückfällig zu werden.

Schutz

Diese Essenz schützt vor negativen Umwelteinflüssen, Unfällen und Wetterfühligkeit. Sie stärkt das innere Licht, befreit von negativen Gedanken und beschützt Sie vor Mobbing und anderen feindlichen Übergriffen Ihrer Mitmenschen.

Schwangerschaft

Diese Essenz gibt Vertrauen in die natürlichen Vorgänge der Schwangerschaft. Sie beschützt Mutter und Kind, hilft Ihnen dabei die körperlichen Veränderungen während der Schwangerschaft anzunehmen und baut eine harmonische Beziehung zwischen Ihnen und Ihrem Kind auf. Die Essenz lindert Ängste vor der Geburt, erleichtert Schmerzen und Schwangerschaftsstreß.

Selbstbestimmung

Diese Essenz hilft Ihnen sich von anderen Menschen unabhängiger zu machen. Sie hilft Ihnen »Nein« sagen zu können, sich zu verwirklichen, und Ihre eigenen Wünsche durchzusetzen.

Selbstbewußtsein

Diese Essenz stärkt die Willenskraft, Selbstausdruck und Selbstbewußtsein. Sie hilft Ihnen dabei, sich nicht länger ausnutzen oder unterdrücken zu lassen, nimmt Ängste vor Zurükkweisung und hilft Ihnen dabei sich zu trauen, um Zuneigung und Nähe zu zeigen. Die Essenz hilft auch all jenen, die sich unvollkommen und häßlich fühlen.

Selbstheilungsfkräfte

Diese Essenz stärkt die körperliche und seelische Abwehr und regt die Heilungsenergien an, um aus eigener Kraft gesund werden zu können.

Toleranz

Diese Essenz lindert Kritik und Ungeduld gegenüber den Fehlern, Schwächen und Ansichten anderer Menschen.

Unabhängigkeit

Diese Essenz hilft dabei, sich aus dem Bann anderer befreien zu können. Sie löst emotionale Abhängigkeiten und befreit von Süchten nach anderen Menschen oder Drogen.

Perlen, die schönste Medizin der Welt

In der chinesischen Medizin werden Perlen für die Schönheit und zur Heilung verwendet. Ihre Energien fördern das Gesundheits- und Heilungsglück in besonderem Maße. Perlen fördern die Verdauung und lindern Entzündungen aller Art. Am Hals getragen können sie chronsiche Kopfschmerzen, Knochen- und Bandscheibenleiden, Migräne, allergische Reaktionen aller Art, Magersucht und Wetterfühligkeit lindern. Sie warnen vor kommenden Gefahren und schützen vor Unheil, Unglück und falschen Freunden. Perlenketten bringen Schönheit, Liebe, Glück und ein langes Leben.

Glücks-Buddhas

Glücksbuddhas zählen in ganz Asien zu den beliebtesten Magneten des Glücks. Ihre Anwesenheit zieht unendlich viele positive Energieströme an und spendet Heiterkeit, Lebensfreude, Glück und Schutz. Sie wenden Unglück ab und erzeugen für ihren Besitzer überall dort, wo sie mitgenommen oder aufgestellt sind, ein gutes Feng-Shui.Denn das Glück und die Seeligkeit befinden sich nach chinesischer Auffassung nicht im Jenseits, oder in irgend einem späteren Leben, sondern lassen sich für jeden von uns im Hier und Jetzt mit wenigen Mitteln erreichen. Buddha-Statuetten können erheblich dazu beitragen. Sie sind wie Schutzengel, bringen Körper, Geist und Seele in Einklang, tragen zu mehr Liebe, Freundschaft und Versöhnung bei, rufen die gewünschten Gücksrichtungen für Sie an, helfen heilen und schützen vor Unglück.

Buddha für Wohlstand, Reichtum und Erfolg

Dieser Glücksbuddha birgt Energien in sich, die Erfolg, Wohlstand und Reichtum magisch anziehen und Ihr Vermögen vor Verlust schützen. Er macht die erfolgbringenden Himmelsrichtungen auf seinen Besitzer aufmerksam und gibt ein sicheres Gespür für alle geschäftlichen Angelegenheiten. Dieser Glücksbuddha sorgt dafür, daß Sie im Leben nicht vom Wohlstandsglück verlassen werden und trägt dazu bei, daß Sie in materieller Hinsicht immer abgesichert sind und auf der sicheren Seite stehen. Stellen Sie den Buddha bei sich zu Hause im Wohn- Eß- und Arbeitszimmer und im Büro auf dem Schreibtisch auf. Tragen Sie ihn stets in einem Samt- oder Seidentäschchen bei sich, wenn Sie zur Arbeit oder auf Geschäftsreisen gehen und wichtige geschäftliche Entscheidungen treffen müssen. Dieser Glücksbuddha verhilft zur richtigen Entscheidung, Wohlstand, Reichtum und Erfolg.

Buddha für Weisheit und Lernerfolg

Dieser Glücksbuddha steht für Weisheit, Offenheit, Lebenserfahrung, Optimismus und Lebenserfüllung. Er bringt seinen Besitzer direkt mit den glückbringenden Himmelsrichtungen für Intuition, Lernerfolg und Lebenserfahrung in Verbindung. Tragen Sie diesen Buddha stets in einem Samttäschchen bei sich und stellen Sie ihn dort auf, wo Sie sich überwiegend aufhalten. Er wird Sie vor Unglück, unüberlegten Handlungen und voreiligen Entschlüssen schützen und Ihre alltäglichen Entscheidungen mit der nötigen Weisheit erfüllen, damit Ihre Wünsche, Ziele und Träume in Erfüllung gehen.

Schutz-Buddha

Der Schutzbuddha wird in China wie ein Schutzengel verehrt. Er schützt seinen Besitzer vor Unglück, Unheil, Katastrophen, Verlust, schlimmen Krankheiten, schmerzhaften Schicksalsschlägen und dem vorzeitigen Tod. Kinder profitieren doppelt davon. Tragen Sie den Schutzbuddha stets bei sich in der Tasche, Handtasche oder im Auto und stellen Sie ihn überall dort auf, wo Sie sich überwiegend aufhalten.

Buddha für Beziehungsglück

Dieser Buddha birgt Kräfte in sich, die Ihre Beziehungen zu anderen Menschen, insbesondere zu Verwandten, Kollegen, Bekannten, Nachbarn, Freunden und Angehörigen harmonischer gestalten und erheblich verbessern können. Er verhilft Ihnen zu einem guten zwischenmenschlichen Umfeld, in dem Sie geliebt und geachtet werden, sich wohl und geborgen fühlen, sich verwirklichen können und von einflußreichen Menschen für Ruhm, Fortkommen und Karriere entdeckt werden. Dieser Glücksbuddha schützt vor falschen Freunden, Intrigen, mißgünstigen Mitmenschen, Einsamkeit, Kontaktängsten und Mobbing. Stellen Sie den Buddha überall dort auf, wo Sie sich überwiegend aufhalten. In der Tasche getragen verbessert er Ihr persönliches Umfeld und verhilft Ihnen in allen Lebensbereichen zu guten Bekanntschaften und glücklichen Beziehungen.

Buddha für Genesung und Gesundheit

Dieser Glücksbuddha birgt Kräfte in sich, die sich vorbeugend, heilend und schützend auf die Gesundheit auswirken können. Er verschafft seinem Besitzer den Zugang zu den gesundheitsfördernden und heilenden Himmelsrichtungen und sorgt dafür, daß Sie in allen Lebensbereichen von den nötigen Glücksenergien für körperliches, geistiges und seelisches Wohlbefinden für bessere Gesundheit und ein kraftvolles, widerstandsfähiges, langes Leben erfüllt bleiben. Dieser Glücksbuddha wird in China als der Hüter der »Quellen für gute Gesundheit« und als himmlischer Arzt verehrt. Stellen Sie den Buddha überall dort auf, wo Sie sich vorwiegend aufhalten. In der Tasche getragen und am Krankenbett aufgestellt, erweist er ganz besondere Dienste.

Buddha für Glück und ein langes Leben

Gemeinsam mit viel Glück in allen Lebensbereichen und guter Gesundheit gehört ein langes Leben zu den bedeutendsten Bausteinen eines erfüllten Lebens. Hierin liegt vor allem auch das Glück verborgen den »Abend« seines Lebens glücklich, gesund, zufrieden und erfüllt genießen zu können und den Erfolg der eigenen Nachkommen miterleben zu dürfen. Stellen Sie diesen

Glücksbuddha dort auf, wo Sie und Ihre Familie sich überwiegend aufhalten. In China ist dieser Buddha auch ein beliebter Glücksbringer für rasche Genesung und gute Gesundheit bis ins hohe Alter.

Buddha für Liebesglück

Dieser Buddha wird überall in Asien als Liebesbringer verehrt. Er sorgt für ewige, gegenseitige innige Liebe, Romantik, Treue und Zusammengehörigkeit und trägt dazu bei, daß die Liebe nicht zerbricht. Glücks-Buddhas für das Liebesglück schützen die Partnerschaft vor Unheil, Kummer und schmerzhaften Trennungen, stärken das gegenseitige Liebes- und Eheglück und sorgen dafür, daß Sie mit Ihrem Partner für immer glücklich sind.

Glücks-Buddha

Der Glücksbuddha gehört in ganz Asien zu den beliebtesten Glücksbringern. Er macht die glückbringenden Himmelsrichtungen auf seinen Besitzer aufmerksam und erfüllt alle Lebensbereiche mit mehr Glück. Der Glüksbuddha trägt, wie ein guter Schutzengel, zu einem wohlwollenden Schicksal bei, sorgt dafür, daß die Dinge, die Sie sich wünschen, in Erfüllung gehen und verstärkt Ihr Glück für Reichtum, Wohlstand, Gesundheit, Liebe, Familie und Partnerschaft.

Buddha für Ehe, Liebe und Partnerschaft

Dieser Glücksbuddha spielt eine wichtige Rolle für dauerhaftes Liebesglück. Er wird auch zur Stärkung des Ehe- und Familienglücks verwendet und als die Behausung der Liebesgötter verehrt. Seine Glücksenergien haben liebesstärkende Kräfte. Deshalb wird dieser Glücksbuddha überall in Asien als Liebesbeweis verschenkt, wie bei uns rote Rosen. Hierdurch soll das eigene Herz für immer mit dem des geliebten Menschen verbunden werden. Er stärkt das beidseitige Liebesglück in besonderem Maße, bringt frische Impulse in die Beziehung ein und sorgt für mehr Zuneigung, Offenheit, Hingabe, Vertrauen, Sehnsucht, Treue, Leidenschaft und partnerschaftliche Erfüllung. Dieser Glücksbuddha sollte von beiden Partnern gleichzeitig getragen werden und links und rechts vom gemeinsamen Bett aufgestellt werden. Hierdurch wird das gemeinsame Liebesglück besonders geschützt, gestärkt und sogar verdoppelt.

FENG-SHUI Lexikon

Abwasserleitungen
Abwasserleitungen und Abflußrohre stellen eine versteckte Gefahr dar. Sie können erheblich dazu beitragen, daß vorhandene Glücksenergien unbemerkt davonfließen können. Deshalb ist es besonders wichtig Toilettenräume, Bad, Waschküche und andere Räume in denen sich ein Wasserzu- und Ablauf befindet mit Feng-Shui-Glücksbringern zu versehen, um sich vor schädlichen Einflüssen und schlechtem Feng-Shui zu schützen. Glücksbringer hierzu finden Sie auf den Seiten: ● 57, 61

Arbeitsplatz
Ihr beruflicher und wirtschaftlicher Erfolg wird überwiegend von den Wohlstandsfördernden Himmelsrichtungen beeiflußt. Deshalb ist es wichtig, daß Sie überall dort, wo Sie arbeiten Glücksbringer aufstellen oder bei sich tragen, die die karriere fördernden und wohlstandfördernden Glücksenergien magisch anziehen. Sparen Sie in diesen Bereichen also nicht mit dementsprechenden Glücksbringern, für ein gutes Feng-Shui im Büro und am Arbeitsplatz. Glücksbringer hierzu finden Sie auf Seite: ● 27, 39, 40, 45, 48, 50, 56, 58, 60, 68, 70, 78, 79, 82

Arbeitszimmer
Egal ob sie zu Hause oder an einem anderen Arbeitsplatz arbeiten, wichtig ist, daß sie stets von einem guten Feng-Shui umgeben sind, das ihr berufliches vorankommen fördert, ihr Ansehen positiv beeinflußt und ihren Lebensunterhalt sichert. Umso mehr sie mit Glücksbringern zu einem guten Wohlstandsfeng-Shui beitragen, umso mehr Erfolg werden Sie haben. Gleichzeitig hängt mit dem wirtschaftlichen Erfolg auch der private Erfolg zusammen. Denn umso freier sie von finanziellen Sorgen sind, umso mehr Zeit haben Sie für sich, ihre Freizeit, ihre Familie und vor allem für ihren Partner. Glücksbringer hierzu finden Sie auf den Seiten: ● 18, 39, 48, 50

Badezimmer/WC
In Badezimmern verlaufen allerhand Wasserleitungen und Rohre für Zu- und Abwasser. Diese Rohre können dazu beitragen, daß vorhandene Glücksenergien aus Ihrer Wohnung unbemerkt davonfließen können. Wenn Sie sich in Ihrer Wohnung nicht richtig wohl und heimisch fühlen, dann können davonfließende Glücksenergien die Ursache hierfür sein. Hinzu kommt, daß sich schlechtes Feng-Shui bevorzugt über Rohrleitungen Zugang zu Ihren Wohnräumen verschafft. Schützen Sie sich mit den entsprechenden Glücksbringern vor diesen Wirkungen.Glücksbringer hierzu finden Sie auf den Seiten: ● 16, 33, 57, 61, 74

Bagua
Bagua ist das Raster, das als Grundlage für die verschiedenen Glücksbereiche im Kompaß-Feng-Shui eingesetzt wird. Es spielt im Glüksbringer-Feng-Shui eine eher untergeordnete Rolle, weil diese Feng-Shui-Schule auf den glückbringenden Himmelsrichtungen basiert, die von bestimmten Glücksbringern aktiviert und magisch angezogen werden. Glücksbringer hierzu finden Sie auf Seite: ● 85

Balken/Deckenbalken
Vorstehende Balken sind im Feng-Shui eher unbeliebt, weil sie das vorhandene Raumklima mit »tödlichen Pfeilen« zerstören können. Tödliche Pfeile, die von vorspringenden Ecken, eckigen Balken, Säulen und Deckenbalken ausgesendet werden, können zur Zerstörung guten Feng-Shui in der gesamten Wohnung beitragen, woran alle Anwesenden in vielerlei Hinsicht leiden können. Glücksbringer hierzu finden Sie auf Seite: ● 57

Bankgeschäfte
In China wissen die Menschen schon immer, daß der Umgang mit Banken großer Sorgfalt bedarf. Voreilige Entschlüsse und nachteilige Verträge können das Ansehen und das Vermögen der ganzen Familie zerstören. Deshalb werden Bankgeschäfte nur mit Hilfe eigens dafür bestimmter Glücksbringer getätigt. Halten Sie sich daran und gewöhnen Sie sich an, jedes Bankgeschäft mindestens eine Nacht zu überschlafen.Glücksbringer hierzu finden Sie auf den Seiten: ● 48, 66

Beliebtheit

Wenn sie sich augenblicklich einsam, verlassen und ungeliebt fühlen, dann werden sie höchstwahrscheinlich von einem negativen Beziehungs-Feng-Shui umgeben. Tragen sie Feng-Shui Glücksbringer bei sich und stellen sie sie überall dort auf, wo sie sich überwiegend aufhalten. Sie verbessern das Beziehungs-Feng-Shui und fördern die Energieströme, die sie mit anderen Menschen verbinden, um leichter Bekanntschaften zu machen oder um sich besser öffnen und mitteilen zu können. Seite: ● 68

Berufserfolg

Ihr Berufserfolg hängt überwiegend von den dafür verantwortlichen Glücksrichtungen ab. Chinesischen Überlieferungen zufolge ist es ein großer Irrtum zu glauben, daß alleine Wissen und Können für Karriere und Wohlstand verantwortlich sind. Viel mehr spielt ein gutes Feng-Shui für Wohlstand und Erfolg eine wichtige Rolle. Denn um beruflich erfolgreich zu sein, genügt es nicht gute Fachkenntnisse zu haben, sondern erst das Glück für Berufserfolg verhilft ihnen auf die Karriereleiter. Feng-Shui-Glücksbringer tragen zu einem guten Erfolgs-Feng-Shui bei und sorgen dafür, daß Sie beruflich vorankommen und erfolgreich sind. Glücksbringer hierzu finden Sie auf den Seiten: ● 18, 37, 50

Betten

Im Bett verbringen Sie einen Großteil Ihres Lebens. Hier schlafen Sie und verbringen eine große Zeit mit Ihrem Partner. Um die nötige Entspannung und Ruhe für den Schlaf zu finden und um die erforderlichen Liebesbereiche für Leidenschaft, Erotik, Liebesglück und Gesundheit zu stärken, spielen Feng-Shui Glücksbringer im Schlafzimmer eine wichtige Rolle. Sparen Sie deshalb nicht mit Glücksbringern neben den Betten, unter dem Bett und im Schlafzimmer um sich vor negativen Energienestern zu schützen. So können Sie ganz erheblich zur Verbesserung Ihres Lebens in allen Bereichen beitragen. Hüten Sie sich jedoch vor den Schlafzimmer-Tabus. Glücksbringer hierzu finden Sie auf den Seiten: ● 10, 13, 14, 17, 31, 40, 44, 55

Beziehungsglück

Feng-Shui-Glücksbringer können außerordentlich viel zu ihrem privaten Glück beitragen. Hierzu zählen nicht nur Wohlstand, Ruhm, Liebesglück und die Karriere, sondern auch die Harmonie in ihren Beziehungen zu Eltern, Familienangehörigen, Freunden, Kollegen, Bekannten und Verwandten. Glückliche Beziehungen geben Halt und vermitteln ein sicheres Gefühl von Geborgenheit. Glücksbringer für ein gutes Beziehungs-Feng-Shui für die verschiedensten Lebensbereiche bringt ihnen viel Glück. Glücksbringer hierzu finden Sie auf den Seiten: ● 10, 12, 27, 31, 33, 36, 53, 73, 92, 95, 101

Bildungsglück

Wenn Sie sich das Lernen erleichtern wollen, ist es ratsam das Bildungsglück herbeizurufen. Es fördert die Lust auf Neues, macht Neugierig, stärkt das Gedächtnis, erleichtert das Lernen und sorgt Gleichzeitig auch dafür, das Sie sich an gelerntes besser erinnern können. Glücksbringer hierzu finden Sie auf Seite:● 43, 47, 51

Bücherregale

Ähnlich wie kantige Balken versenden auch scharfkantige Bücherregal sogenannte giftige Pfleile, die als Ursache für schlechtes Feng-Shui, Unglück und Krankheiten gelten. Regalenden können mit allen möglichen Feng-Shui-Glücksbringern dekoriert werden. Das nimmt spitzen Kanten die negativen Wirkungen und fördert gutes Feng-Shui für mehr Liebe, Gesundheit und Glück. Seite 57

Büro-Feng-Shui

Ein gutes Feng-Shui im Büro, Arbeitszimmer und am Arbeitsplatz ist genauso wichtig, wie zu Hause. Allerdings werden in diesen Bereichen mit bestimmten Glücksbringern überwiegend karrierefördernde, wohlstandsfördernde und arbeitsklimaverbessernde Glücksbringer verwendet. Sie tragen zu mehr Erfolg bei und sorgen gleichzeitig dafür, daß sie sich bei der Arbeit wohl fühlen. Um sich dieser Sache sicher zu sein, sorgen in Asien Arbeitnehmer und Arbeitgeber gleichermaßen mit Glücksbringern für ein gutes Arbeitsklima und wirtschaftlichen Erfolg zugleich. Denn der Erfolg jeder Firma hängt im-

mer auch mit der Motivation der Belegschaft ab. Glücksbringer hierzu finden Sie auf den Seiten:
● 19, 33, 45, 70

Chi-Energie

Diese Energie wird als unsichtbare, in Handlungen, Gedanken, Gefühlen und Feng-Shui-Glücksbringern innewohnende Lebensenergie bezeichnet. Sie spielt in vielen chinesischen Heilwegen, wie z. B. in der Akupunktur, im I-Ging und in der traditionellen chinesischen Medizin eine überaus wichtige Rolle. Chi-Energie ist für Wachstum, Heilung und Glück unerläßlich. Sie ist das Gegentiel von Sha-Energie, die als Todeshauch bezeichnet wird. Mit Feng-Shui-Glücksbringern bringen Sie ausreichend Chi-Energien, in all Ihren Varianten, in die verschiedensten Bereiche Ihres Lebens ein. Glüksbringer hierzu finden Sie auf den Seiten:
● 20, 25, 32, 87, 96

Chinesische Medizin

In der traditionellen chinesischen Medizin spielen Feng-Shui-Glücksbringer eine wichtige Rolle. Gemeinsam mit Heilsteinen, Düften und Käutern sind Sie es, die das Heilungsglück herbeirufen und dafür sorgen, daß Sie gesund werden und bleiben. Ohne dieses Glück können Sie sich therapieren und von den besten Ärzten der Welt behandeln lassen, so lange Sie wollen, wirklich heilen können nur die heilenden Energien selbst. Glücksbringer hierzu finden Sie auf den Seiten: ● 19, 32, 62, 70, 77, 79, 85, 89

Doppeltes Glück

Paarweise verwendet, können Feng-Shui-Glücksbringer ihre Anziehungskräfte auf glükbringende Energien verstärken und somit gewünschtes Glück sogar verdoppeln. Deshalb werden Feng-Shui-Glücksbringer meist paarweise verwendet, getragen oder aufgestellt. Glücksbringer hierzu finden Sie auf den Seiten:
● 11, 15, 19, 24, 35, 53, 86, 87

Ecken und Kanten

Ecken und Kanten erzeugen schlechtes Feng-Shui. Sie senden giftige Pfeile aus, die sich sehr nachteilig auf alle Anwesenden auswirken können. Gleichzeitig stellen Ecken und Kanten auch Gefahrenzonen dar, in denen sich schlechtes Feng-Shui und andere negative Energien unbemerkt zu schädlichen Energienestern ansammeln können. In China wird dieser Tatsache schon durch eine harmonische Bauweise Rechnung getragen. Stellen Sie dementsprechende Glücks- und Lichtbringer in toten Ecken und Winkeln auf, um sich mit glückbringenden Energien zu umgeben und vor schlechtem Feng-Shui zu schützen. Seite 57

Eheglück

Das Eheglück beschreibt eine tiefe innige Beziehung zwischen sich liebenden Menschen. Dieses Glück ist ein wichtiger Bestandteil des privaten Glücks. Es hängt größtenteils mit dem Liebesglück zusammen und beruht auf ausgewogenen Energieströmen (Yin und Yang) zwischen Mann und Frau. Dennoch wird das Eheglück im Feng-Shui als eigenständige Glücksrichtung betrachtet, die dazu beiträgt, ob eine Paar ein Leben lang miteinander, in guten wie in schlechten Zeiten, zusammenhält und glücklic ist oder nicht. Das Eheglück stärkt die partnerschaftliche Verbindung und sorgt dafür, daß die Liebe nicht zerbricht. Glücksbringer hierzu finden Sie auf den Seiten: ● 10, 11, 14, 15, 31, 34, 35, 54, 73, 90

Eingangsbereich

Der Eingangsbereich spielt im Feng-Shui eine wesentliche und wichtige Rolle. Durch ihn können positive Glücksenergien davonfließen und ungebetene, negative Energien aus der näheren Umgebung eindringen. Deshalb ist es sehr wichtig, sich, ihre Familie und ihre Wohnung vor schlechtem Feng-Shui im Eingangsbereich zu schützen. Glücksbringer hierzu finden Sie auf den Seiten: ● 14,16,26,33,43,46,57,61,74,83

Erfolg

Im Feng-Shui wird Erfolg nicht automatisch mit Karriere und Reichtum gleichgesetzt, sondern als eine Art allumfassendes Glück, daß mit der Erfüllung vieler Wünsche und mit Selbstverwirklichung verbunden ist. Erfolgreich ist demnach nicht nur derjenige, der viel Geld verdient, sondern eher derjenige, der es schafft sich in so vielen Bereichen wie möglich auf der Sonnenseite des Lebens zu halten um sein Leben seinen

Vorstellungen entsprechend auszufüllen. Das Erreichen selbst gesteckter Ziele, egal im welchem Bereich, gilt als Erfolg. Feng-Shui-Glüksbringer können entschieden zu mehr Glück und Erfolg in allen Lebensbereichen beitragen. Sie erschaffen das energetische Umfeld für das erforderliche Glück, um sich zielbewußt, selbstsicher, entschlossen und erfolgreich verwirklichen zu können. Glücksbringer hierzu finden Sie auf den Seiten: ● 21, 24, 25, 30, 36, 40, 34, 45, 46, 48, 50, 56, 62, 65, 71, 91

Esszimmer

Das Esszimmer gehört im Feng-Shui gemeinsam mit dem Schlafzimmer und dem Wohnzimmer zu den wichtigsten Räumen. Es ist Treffpunkt für die ganze Familie und symbolisiert gleichzeitig auch Gesundheit und Wohlstand. Schlechtes Feng-Shui im Esszimmer kann nicht nur den Zusammenhalt der Familie zerstören, sondern auch krank machen und Armut erzeugen, die sich schnell in der Auswahl, Qualität und Üppigkeit der täglichen Speisen auswirkt. Seite 27, 72, 83

Familienglück

Familiäres Glück gehört zu den Hauptglücksrichtungen im Feng-Shui. Zahlreiche Feng-Shui-Glücksbringer haben die Eigenschaft, die erforderlichen Energien für dieses Glück in besonderem Maße anzuziehen. Ein schlechtes Familien-Feng-Shui kann sich sehr belastend auf alle Angehörigen auswirken. Streit, Eifersucht, Mißerfolg, Krankheiten, Allergien, Drogen- und Alkoholabhängigkeit können typische Folgen sein. Ein gutes Familien-Feng-Shui macht sich durch Harmonie, Geborgenheit, starke Zusammengehörigkeitsgefühle und Heimeligkeit unter allen Anwesenden bemerkbar. Glücksbringer hierzu finden Sie auf Seite: ● 11,14,21, 24,25,27,32,35,37,41,43,51,54,58,59,65,72,86

Familien-Feng-Shui

Harmonische Familienbeziehungen gehören zu den wichtigsten Glückseigenschaften im Feng-Shui. Von der Glücksmenge aus dieser Glücksquelle hängt auch das Glück aller Angehörigen für andere Lebensbereiche ab. Glückliche Menschen leben meist auch in glücklichen Familien. Um das Familienglück nicht abreißen zu lassen, sollten überall in der Wohnung Feng-Shui Glücksbringer aufgestellt sein, die das Familienglück fördern und schützen. Seiten: ● 16, 35, 52, 74

Feindliche Strukturen

sind Einflüsse, die dazu in der Lage sind positive Energien und gutes Feng-Shui zu zerstören. Hierzu zählen vor allem schlechte Umwelteinflüsse, Industrieabgase, Elektrosmog und negative Potentiale feindlich gesinnter Mitmenschen. Seite ● 67

Feng-Shui für andere Menschen

Ein gutes Feng-Shui läßt sich weiterleiten und verschenken. Deshalb sind Feng-Shui Glücksbringer in China die beliebtesten Geschenke zu allen Anlässen. Denn Feng-Shui Glücksbringer sind nicht nur irgendwelche Mitbringsel, sondern tragen entschiedenen zu mehr Glück des Beschenkten bei. Seite: ● 38 (Lesen Sie hierzu auch über Geschenke auf Seite 107 nach)

Feng-Shui-Essenzen

Essenzen sind eine hervorragende Ergänzung zu allen Feng-Shui-Glücksbringern. Sie beruhen in ihren Wirkungen auf den Erkenntnissen der traditionellen chinesischen Medizin, ohne Nebenwirkungen, und erfreuen sich in ganz Asien größter Beliebtheit. Gemeinsam mit Feng-Shui-Glücksbringern stellen sie eine der höchsten Therapieformen für Körper, Geist und Seele dar, die sich innerlich und äußerlich für mehr Glück und Gesundheit in allen Lebensbereichen anwenden läßt. Näheres hierzu können Sie auf Seite 29, 64 und 89-100 nachlesen.

Freundschaft

Freundschaften spielen im Leben eine überaus wichtige Rolle. Das Freundschaftsglück wird daher in China zu den wichtigsten Glücksrichtungen gezählt. Ein gutes Freundschafts-Feng-Shui hilft wahre Freundschaften stärken und sich vor falschen Freunden zu schützen. Gleichzeitig verhilft es ihnen zu hilfreichen Freunden, die auch in der Not für sie da sind. Gute Freunde werden im Feng-Shui als Menschen bezeichnet, die vom Himmel geschickt wurden, während schlechte Freunde meist falsch sind, neidisch oder sich rächen wollen. Feng-Shui Glücksbringer für Freundschaft sorgen dafür, daß sie im Leben überwiegend von wohlwollenden hilfsbereiten Menschn umgeben sind. Glücksbringer hierzu finden Sie auf den Seiten: ● 16, 20, 32, 33, 68, 73, 92, 101

Fruchtbarkeit/Kindersegen

In der traditionellen chinesischen Medizin ist längst bekannt, daß fast 90% aller kinderlosen Paare nicht durch Krankheit, sondern durch negative Umgebungs-Energien unfruchtbar gehalten werden. Die Fruchtbarkeit und der Kindersegen stellt sich meist sofort nach einer Verbesserung des Umgebungs-Feng-Shui in der Wohnung, am Arbeitsplatz und in den verschiedenen Glücksrichtungen ein. Feng-Shui Glücksbringer können hierbei wahre Wunder bewirken.Glücksbringer hierzu finden Sie auf den Seiten: ● 35, 44, 64, 86, 97, 98, 99

Geldglück

Wohlstand und Reichtum gehören im Feng-Shui zu den wichtigen Glücksrichtungen. Sie können mit der Hilfe bestimmter Glücksbringer erreicht werden. Hierzu zählen vor allem Geldsymbole wie z. B. Glücksmünzen und Geldbarren. Aber auch Wohlstands-Glücksbuddhas sind dazu in der Lage das Geldglück und die wohlstandsfördernden Himmelsrichtungen auf ihren Besitzer aufmerksam zu machen. Seite: ● 48

Generationskonflikte

Feng-Shui-Glücksbringer können erheblich zur Förderung der Zuneigung und der Harmonie unter Geschwistern, Eltern und Urgroßeltern beitragen. Sie helfen Generationskonflikte überwinden und sorgen für ein harmonisches Familienleben. Seite ● 12

Geschäftliches Glück

Bestimmte Feng-Shui-Glücksbringer ziehen geschäftliches Glück magisch an. Deshalb sollten sie überall dort, wo sie sich um ihr Einkommen bemühen, wo sie Bank- oder Börsengeschäfte tätigen mit Feng-Shui-Glücksbringern umgeben um ihr geschäftliches Glück in allen Bereichen zu aktivieren. Schützen sie sich gleichzeitig mit dem Gott des Reichtums vor Fehlkalkulationen und Verlusten. Glücksbringer hierzu finden Sie auf Seite: ● 18,46,48,56,66

Geschäftsbeziehungen

Gute Geschäftsbeziehungen sind Gold wert. Feng-Shui Glücksbringer können erheblich dazu beitragen, daß sie regelmäßig auf ehrliche einflußreiche Geschäftspartner treffen, die ihnen zu gefüllten Auftragsbüchern verhelfen. Seite 46, 56

Geschenke/Hochzeitsgeschenke

Feng-Shui-Glücksbringer bringen Glück, vertreiben negative Energien aus dem Umfeld und erzeugen ein gutes Feng-Shui. Sie entfalten ihre glückbringenden, schützenden und heilenden Wirkungen überall dort, wo sie aufgestellt werden und sind deshalb auch beliebte Geschenke zu allen Anlässen. Mit Glücksbringern läßt sich Glück, Liebe, Gesundheit und Freude verschenken und verschenktes Glück kehrt als doppeltes Glück ins eigene Herz zurück. In China glauben die Menschen fest daran, daß gute Wünsche irgendwann auch wieder ins eigene Herz zurückkehren. Ein verschenkter Feng-Shui Glücksbringer bringt daher nicht nur dem Beschenkten Glück, sondern hinterläßt bei demjenigen, der ihn verschenkt einen »Glückssamen«, der im Herzen zu keimen beginnt und dazu beiträgt, daß ein ersehnter Wunsch in Erfüllung geht. Deshalb hat in China das Verschenken von Glücksbringern zu allen Anlässen große Tradition. Machen auch Sie davon Gebrauch und schenken Sie zu jedem Anlaß einen kleinen Glücksbringer mit genauer Beschreibung. Glücksbringer hierzu finden Sie auf den Seiten: ● 11, 15, 27, 32, 36, 49, 53

Gesundheitsglück

Gesundheitsglück ist eine wichtige Vorraussetzung für ein zufriedenes, glückliches langes Leben. Im Feng-Shui und in der traditionellen chinesischen Medizin sind die Menschen davon überzeugt, das Heilung, Genesung und Gesundheit überwiegend von himmlischen Energien abhängig sind, die das Heilungsglück, die Widerstandsfähigkeit und die geistige, seelische und physische Zufriedenheit steuern. Glücksbringer hierzu finden Sie auf Seite ● 20, 21, 22, 24, 25, 26, 29, 32, 34, 36, 37, 38, 41, 42, 51, 57, 65, 69, 73, 75, 78, 79, 91, 100, 102, 103

Giftige Pfeile

Schlechtes Feng-Shui kann sich in allen Lebensbereichen so negativ auswirken, daß die Menschen in China sogar von giftigen Pfleilen sprechen, die schmerzhafte Krankheiten, Schicksalsschläge und vielerlei Unglück herbeiführen können. Die Tradition des Glücksbringer-Feng-Shui ruht auf der Erkenntnis, giftige Pfeile erkennen und somit schlechtes Feng-Shui weitläufig ablenken zu können. Typische Verursacher von giftigen Pfeilen im Wohnbereich sind hervorstehende Ecken und Kanten von Möbeln, Regalen oder Deckenbalken, Wendeltreppen in Wohnungsmitte und frei stehende Säulen. Außerhalb der Wohnung können vielerlei Ursachen zu schlechtem Feng-Shui und giftigen Pfeilen beitragen. Glücksbringer hierzu finden Sie auf Seite: • 13, 17, 28, 67, 77

Glück

Erst dann, wenn sie in allen Lebensbereichen mit relativem Glück behaftet sind, kann sich ein allgemeines, großes Glücksgefühl aus Liebe, Geborgenheit, Zufriedenheit und Gesundheit einstellen. Feng-Shui-Glücksbringer sind weniger für das große Glück verantwortlich. Sie tragen viel mehr zu mehr Glück in den verschiedensten Lebensbereichen bei und sind deshalb die Wegbegleiter zum großen Glück. Glücksbringer hierzu finden Sie auf Seite: 25,26,27,29,36,54,58,62,71,72,75,79,85,88,92,93

Glücksbringer-Feng-Shui

Diese Feng-Shui-Schule unterscheidet sich vom Kompaß- bzw. Bagua-Feng-Shui dahingehend, daß bestimmte Glücksbringer verwendet werden um die glückbringenden Himmelsrichtungen direkt auf sich und seine Umgebung aufmerksam zu machen. Diese Feng-Shui-Schule bedarf keinerlei komplizierter Berechnungen, sondern beruht auf der Erkenntnis, daß jeder Mensch gleichzeitig immer von positiven und negativen Energien umgeben ist, wobei Glükksbringer einfach dazu beitragen schlechte Energien weitläufig zu verdrängen, um mehr Raum für glückbringende Energien zu haben. Dies trifft gleichermaßen für Körper, Geist und Seele, die Wohnung und alle Räume zu in denen Sie sich überwiegend aufhalten. • 79, 88

Glückssternschnuppen

Glückssternschnuppen eignen sich hervorragend zur Erfüllung Ihrer Herzenswünsche. Schreiben Sie Ihren Wunsch auf einen kleinen roten Zettel und bewahren Sie ihn gemeinsam mit Ihrer Glückssternschnuppe im Etuit auf. Wenn Ihr Wunsch nicht zum Schaden anderer ist, wird er in Erfüllung gehen. Glückssternschnuppen sind in ganz China beliebte Geschenke zu allen familiären und beruflichen Anlässen. Tragen Sie das Etui mit Ihrem Glücksstern stets bei sich, um immer von ausreichend Glück umgeben zu sein. Seite 85

Günstiges Schicksal

Günstiges Schicksal ist ein Hauptbestandteil des Glücks. Mit Feng-Shui-Glücksbringern kann das Schicksal positiv beeinflußt werden, um die Begebenheiten des täglichen Lebens für sich selbst zum Guten zu bringen. Alle Glücksbereiche, insbesondere Wohlstand, Gesundheit, Liebes- und Familienglück hängen von einem wohlwollenden Schicksal ab und davon auch die Erfüllung ihrer Wünsche und Träume. Glück und Unglück sind untrennbar miteinander verbunden. Chinesischen Erkenntnissen zufolge bedarf es meist nur einen Funken an Glücksenergien, um sich vor Unglück zu schützen und um Ihr Leben mit dauerhaftem Glück zu erfüllen. Feng-Shui-Glücksbringer erbringen diese Energie und tragen daher erheblich zu einem positiven Schicksal und zum Glück bei. Glükksbringer hierzu finden Sie auf den Seiten: • 32, 34, 37, 51, 61, 71

Gutes Feng-Shui

Gutes Feng-Shui steht für ein positives, wohlwollendes Schicksal, Gesundheit, Wohlstand und das genaue Gegenteil von Unglück. Häufige Unzufriedenheit mit sich und der Welt, Krankheiten, aufeinander folgende Mißgeschicke sind typische Anzeichen dafür, daß sie sich in letzter Zeit in einem Umfeld bewegen, daß überwiegend von schlechtem Feng-Shui beherrscht wird. Gutes Feng-Shui trägt zu mehr Glück in allen Lebensbereichen bei, und ist die wichtigste Voraussetzung für Liebe, Gesundheit, ein langes Leben und dafür, daß sie glükklich sind und ihre Wünsche in Erfüllung gehen.

Gutes Feng-Shui kann durch bestimmte Glücksbringer herbeigeführt werden.

Happy-End

Mit Feng-Shui Glücksbringern können Sie sich Ihre Wünsche erfüllen und alltägliche Ereignisse zu einem guten Ende bringen. Ein glücklicher Tagesverlauf und somit auch ein Happy-End in Ihrem Sinne sind wesentliche Eigenschaften die mit Feng-Shui-Glücksbringern erreicht werden können. Seite 58, 85

Heilungsglück/Tien Yi

Diese Glücksrichtung ist unmittelbar mit den himmlischen Energien der Heilung und der Gesundheit verbunden. Sie wird auch als »Tien-Yi« oder himmlischer Arzt bezeichnet und liefert die Voraussetzung dafür gesund werden zu können. In der traditionellen chinesischen Medizin gehen die Ärzte davon aus, daß Heilung selbst nur durch die heilenden Kräfte selbst herbeigeführt werden kann. Diese Kräfte können durch bestimmte Glücksbringer angerufen, herbeigeführt und sogar verdoppelt werden. Stellen Sie Glücksbringer für diese Energie in Ihrer Umgebung auf, um immer von einer Quelle guter Gesundheit umgeben zu sein. Glücksbringer hierzu finden Sie auf Seite: ● 37, 42, 51, 63, 65, 70, 73, 77, 78, 79, 80, 85, 88, 91, 97, 100, 102

Himmelsglück

Das Himmelsglück ist das Glück mit dem jeder Mensch geboren wird. Es trägt entschieden dazu bei, ob einem Menschen das Glück buchstäblich in die Wiege gelegt wurde oder nicht. Allerdings reicht das Himmelsglück nur bis in die ersten Lebensjahre. Ab dem 3. bis 4. Lebensjahr wird dieses Glück von unzähligen irdischen Glücksenergien beeinflußt. Feng-Shui Glücksbringer können hierbei sehr hilfreich sein. Sie tragen dazu bei, daß die Handlungen, Entscheidungen und das Verhalten eines Menschen überwiegend von wohlwollenden Energien beeinflußt werden, um glücklich zu sein.
Seite 35, 44, 64

Karriere

Feng-Shui-Glücksbringer eignen sich besonders gut zur Förderung des beruflichen Erfolges. Gleichzeitig schützen Sie vor Intrigen am Arbeitsplatz, Mobbing und anderen negativen Energien, die Ihr Vorwärtskommen beeinträchtigen und den Arbeitsplatz gefährden. Hinzu kommt, daß es viele gut qualifizierte Kollegen gibt, die in unmittelbarem Wettbewerb zu Ihnen stehen. Ohne das Quentchen Karriereglück wird die Chance zum Sprung auf die Erfolgsleiter bei Ihnen vorübergehen. Mit Feng-Shui-Glücksbringern können Sie das Karriereglück magisch anziehen und selbst mehr zum eigenen Erfolg beitragen. Glücksbringer hierzu finden Sie auf den Seiten: ● 12, 21, 49, 65, 90

Kinderglück

Das Glück Ihrer Kinder hängt entschieden von der guten Qualität eines positiven Umgebungs-Feng-Shui ab. Hinzu kommt, daß Kinder auf negative Energien wesentlich sensibler reagieren als Erwachsene, weil ihre Aura noch nicht widerstandsfähig genug ist. Im Feng-Shui gilt die Regel, daß sich positive Energien für Kinder in doppelten Glück auswirken und negtive Energien in doppeltem Unglück. Feng-Shui Glücksbringer stellen Ihre Kinder unter den besonderen Schutz Buddhas. Glücksbringer hierzu finden Sie auf Seite: ● 12,14,16,19,25,27,34,35, 40,42,44,47,51,52,55,58,64,71,73,84,98,102

Kompaß-Feng-Shui

Diese Feng-Shui-Schule unterscheidet sich vom Glücksbringer-Feng-Shui dahingehend, daß der Anwender sich mit Hilfe eines Kompaß selbst in glückbringende Himmelsrichtungen und Lebensbereiche begibt. Hierfür ist neben dem Kompaß zusätzlich ein Rasterplan (Bagua Seite 76, 104) notwendig. Anders als im reinen Glücksbringer-Feng-Shui, das auf der Erkenntnis aufbaut, daß sich glückbringende Lebensenergien mit Glücksbringern anziehen und auf den Besitzer, Träger und dessen Umgebung konzentrieren lassen, bedarf die Kompaß-Methode einiger Berechnungen. Vom Ergebnis hängt letztlich die Einrichtung der Wohnung ab, was oft aufwendige Renovierungsarbeiten mit sich bringt. Deshalb erfreuen sich Feng-Shui-Glücksbringer auch im Kompaß-Feng-Shui zunehmender Beliebtheit. Seite 76

Krankenbett
Feng-Shui Glücksbringer können erheblich zur Heilung und Genesung beitragen. Sie sind keine Medizin in herkömmlichen Sinne, sondern rufen die heilungsfördernden Glücksenergien zu sich um gesund werden zu können. Kein Arzt der Welt kann heilen. Ob Sie nach allem menschlichen Ermessen wirklich gesund werden, hängt letztlich davon ab, ob sich in Ihrem Körper ausreichend Heilungsenergien befinden. Glücksbringer hierzu finden Sie auf den Seiten: ● 37, 51, 70, 73, 79

Krankheit/negative Energien
Krankheiten aller Art sind typische Anzeichen für ein schlechtes Feng-Shui. Negative Energien, die auch als giftige Pfeile bezeichnet werden, können das körperliche, geistige und seelische Gleichgewicht erheblich stören und somit die Ursache für vielerlei Krankheiten sein. Häufig wiederkehrende Erkrankungen der selben Art, Allergien, chronische Erkrankungen, seelische Leiden und fast alle Diagnosen ohne erkennbare Ursache lassen sich meist immer auf schlechtes Feng-Shui und negative Energien zurückführen. Überprüfen Sie Ihr Umfeld zu Hause und am Arbeitsplatz und verwenden Sie Feng-Shui-Glücksbringer, um sich zu schützen. Sobald Sie sich mit Hilfe Ihrer Glücksbringer wieder ein besseres Feng-Shui erschaffen haben, werden Ihre Leiden, Ängste und Probleme spürbar nachlassen. Glücksbringer hierzu finden Sie auf Seite: ● 13, 14, 17, 21, 24, 37, 41, 43, 51, 63, 65, 68, 69, 73, 79, 80

Lexikon der Heilsteine
Das große Lexikon der Heilsteine, Düfte und Kräuter berücksichtigt alternative Heilmethoden, deren Ursprung auch auf den Erkenntnissen der traditionellen chinesischen Medizin beruhen. In Verbindung mit Feng-Shui-Glücksbringern können die heilenden Kräfte natürlicher Heilmittel mit Hilfe des Lexikons bestmöglich ausgeschöpft werden. Seite ● 120

Liebes-Chi
Dieser Glücksenergiestrom gehört zu den wirkungsvollsten Energien im Feng-Shui. Denn von der Erfüllung mit Liebe hängen auch viele andere Glücksbereiche im alltäglichen Leben ab. Feng-Shui-Glücksbringer tragen dazu bei, daß ihnen diese Energie nicht davonfließt. Nachlassendes Liebes-Chi macht sich umgehend mit Unglück, familiären und partnerschaftlichen Problemen, Migräne, Krankheiten, Allergien und seelischer Unausgeglichenheit bemerkbar. Glücksbringer hierzu finden Sie auf den Seiten: ● 21, 31, 50, 59, 85, 88

Liebesglück
Das Liebesglück bestimmt zunächst die höchste Form der Liebe zwischen zwei Menschen. Vom Grad dieses Glücks hängen auch die meisten anderen Glücksbereiche im Leben ab. Wohlstand, Gesundheit, Familienglück und ein glückliches langes Leben sind unmittelbar an die Liebe gekoppelt, die sie selbst erhalten und geben. Das Liebesglück beschreibt allerdings auch die Liebesfähigkeit als solche. Hiervon ist auch die älterliche Liebe, die Mutterliebe, die Geschwisterliebe und die Liebe zu Mitmenschen und zur Natur betroffen. Glücksbringer hierzu finden Sie auf den Seiten: ● 10, 11, 14, 15, 16, 24, 25, 27, 31, 34, 35, 36, 37, 38, 40, 43, 50, 54, 57, 58, 59, 65, 69, 73, 75, 86, 88, 90, 103

Menschenglück
In China ruht das soziale Gefüge auf der Erkenntnis, das jeder Mensch zunächst mit sich im Reinen sein muß um glücklich zu sein. Glückliche Menschen bringen glückliche Familien hervor und glückliche Familien bilden eine zufriedene Gesellschaft, die frei von Krieg, Hunger, Neid und Habgier ist. Eine unzufriedene Gesellschaft ist demnach nichts anderes als ein Spiegel unglücklicher Menschen. Feng-Shui-Glücksbringer tragen erheblich zum Glück jedes Einzelnen bei und sind somit auch für das Glück aller Menschen förderlich.

Mentorenglück
Ihr persönliches Glück hängt zum großen Teil davon ab, wie sie sich selbst bemühen, von ihrem Wissen und Können. Allerdings bedarf es im Leben zahlreicher positiver Energien, die wie gute Schutzengel wirken. Hierzu zählt auch die Begegnung mit einflußreichen Menschen, die ihnen wohl gesonnen sind und die sie bei der Erfüllung ihrer Ziele unterstützen. Dieses Glück kann mit Feng-Shui Glücksbringern herbeigerufen und verstärkt werden. Seite 50, 68

Privatleben

Feng-Shui Glücksbringer erfüllen die verschiedensten Lebensbereiche mit mehr Glück. Hierdurch kann ihr Privatleben in allen Bereichen erheblich verbessert werden. Private und emotionale Probleme können mit einer vielzahl von Glücksbringern einfach gelöst werden. Hinzu kommt, daß viele Probleme gar nicht erst entstehen, weil ein gutes Feng-Shui für Unglück bringende Energien keinen Nährboden bietet. In China achten die Menschen deshalb besonders darauf, immer von einem guten Feng-Shui umgeben zu sein, weil Probleme sich oft viel leichter vermeiden als lösen lassen. ● 18, 33

Profit steigern

Feng-Shui-Glücksbringer tragen zu guten Geschäftsbeziehungen, Wohlstand, Karriere und Erfolg bei. Sie helfen Ihren Arbeitsplatz sichern und können das nötige Glück bringen, um ihr Einkommen und den Profit ihrer Firma erheblich steigern zu können. Seite 46, 56

Qi-Gong-Kugeln

Wirkungsweise: Die Nervenenden auf der Hautoberfläche und den Fingern sind mit allen inneren Organen verbunden. Die heilenden Vibrationen dringen direkt durch die Nervenenden an der Hautoberfläche ein und werden von den Nerven zu den Organen übertragen. Bei regelmäßigem Gebrauch erhalten Sie so viel positive Lebensenergie, daß Blockaden gelöst, Organe, Gewebe, Knochen und Nervenfasern geheilt und Drüsenfunktionen harmonisiert werden können.

Anwendung: Nehmen Sie beide Kugeln in eine Hand und lassen Sie sie mit Hilfe aller Finger in der Hand umeinander kreisen. So werden die Kugeln in Schwingungen versetzt und die feinen energetischen Wellen verteilen sich über die Nervenfasern, wie bei der Akupunktur, über den gesamten Organismus. Die Drehrichtung sollte dabei nach ca. zwei Minuten geändert werden und nach fünf Minuten empfehlen wir einen Handwechsel. Am Anfang stoßen und reiben die Kugeln aneinander, was die Resonanz auch ein wenig beeinträchtigt. Aber mit zunehmender Übung kann man die Kugeln rotieren lassen, ohne daß sie einander berühren. So entfalten Qi-Gong-Kugeln ihr Höchstmaß an Energie für unseren Organismus. Seite 81

Seidentäschchen aus echter chinesicher Seide und Samttäschchen eignen sich hervorragend zum Aufbewahren und Mitführen von Feng-Shui Glücksbringern.

Regenbogen

Regenbogen stellen eine direkte Verbindung zu ihren himmlischen Helfern und Schutzgeisern her. Sie machen Ihren Körper zu einem innigen Ort der Freude und Lebenskraft, damit sich Liebe, Glück und Gesundheit für immer bei Ihnen wohl fühlen können. Dies trifft auch für die Räume zu, in denen sich Regenbogen befinden. Regenbogen wirken universell und bringen größtes Glück in allen Lebensbereichen. Ihre Energien lassen sich mit reinen »Chi-Energien« gleichsetzen.Chi-Energieströme stehen im Feng-Shui für gutes Feng-Shui und größtes Glück. Besonders dann, wenn Sie augenblicklich krank, unglücklich oder unzufrieden sind, ohne die Ursache dafür zu kennen, können Regenbogen wahre Wunder bewirken. Sie schützen vor weiterem Unglück, zeigen Ihnen die Ursachen Ihrer Probleme auf und helfen Ihnen aus den Tiefen des Lebens heraus. In Verbindung mit anderen Feng-Shui-Glücksbringern können Sie mit der Hilfe von Regenbogen die gewünschten Glükkswirkungen verdoppeln. Glücksbringer hierzu finden Sie auf den Seiten: ● 10, 19, 39, 41, 52, 60, 87

Reichtumsglück

Dieses Glück gehört zu den Hauptglücksarten, das durch Feng-Shui-Glücksbringer herbeigeführt und verstärkt werden kann. Wohlstands- und reichtumsfördernde Himmelsrichtungen können mit bestimmten Glücksbringern leicht angezogen werden. Als Reichtumsglück wird in China bereits die Stufe an materieller Erfüllung angesehen, die ihnen ein Leben in finanzieller Unabhängigkeit und frei von Geldsorgen ermöglicht. Glücksbringer hierzu finden Sie auf Seite: ● 30, 36, 43, 46, 49, 65, 66, 71, 91, 101

Reise-Feng-Shui

Wenn Sie sich von Ihrem Heimatort weg begeben, begegnen Sie automatisch anderen, oftmals fremden Energien, die Ihnen nicht vertraut sind. Um sich vor Nachteilen unbekannter Energien zu schützen tragen die Menschen in China dafür besondere Glücksbringer und Reisealtare mit sich. Machen auch Sie davon Gebrauch. Die Glücksbringer auf den folgenden Seiten sind dafür besonders gut geeignet. Seiten: ● 63, 67, 78

Ruhmesglück

Anerkennung, Respekt, Ansehen, ein guter Name und ein guter Ruf sind in China sehr wichtig. Um den entscheidenden Durchbruch zu erlangen, um berühmt zu werden, ist neben zahlreichen Glücksfaktoren in allen Lebensbereichen vor allem das Ruhmesglück wichtig. Hiervon hängt ab, ob sie wirklich zu Ruhm und Ehre gelangen oder nicht. Glücksbringer hierzu finden Sie auf Seite: ● 12, 50, 55, 58, 60, 68, 72, 90

Salzkristall-Lampen

Salzkristall-Lampen setzen in der Wohnung, insbesondere in Wohn- Schlaf-, Kinderzimmer und am Arbeitsplatz einen erdenden, wärmenden Akzent. Das romantische Licht einer Salzkristall-Lampe erinnert an die Glut eines Lagerfeuers worum sich alle Menschen liebend gerne versammeln. Sie spenden Ruhe, Wohlbefinden und Geborgenheit und sind deshalb auch am Krankenbett, in Praxen und Wartezimmern geschätzte Heiler, Licht- und Energiebringer. Durch Ionisierung der Atemluft stellen Salzkristall-Lampen ein Raumklima her, das so gesund ist, wie im Salzstock oder an der Nordsee. Allergien, Bronchialasthma, Heuschnupfen, chronischen Atemwegs-, Infektions- und Kreislauferkrankungen, Spannungskopfschmerzen, Neurodermitis und Migräne können durch die wohltuenden Kräfte heilender Salze, wie am Meer oder auf Kur, geheilt werden. Seite 82-84

Salzkristall-Licht

Das wohltuende Licht von Salzkristall-Lampen birgt zugleich gesundheitsfördernde Luftvitamine und Feng-Shui verbessernde Energien in sich. Salzkristall-Lampen gehören mittlerweile zu den vielseitigsten Hilfsmitteln im Feng-Shui. Sie eigenen sich hervorragend zur Auflösung von schlechtem Feng-Shui, sind heilend, korrigieren die meisten einrichtungs- und architekturbedingten Feng-Shui-Probleme und sind Balsam für Körper, Geist und Seele. Salzkristall-Lampen, -Tempel und Teelichter sind wichtige Glücksbringer für ein harmonisches Gleichgewicht zwischen Yin und Yang. Hiervon profitieren alle Anwesenden gleichermaßen, was sich insbesondere auf die Liebe, das Familienglück und das Gesundheitsglück positiv auswirkt. Seite 82-84

Schlafzimmer

Im Schlaf sind wir Menschen negativen Energien machtlos ausgeliefert. Deshalb ist es besonders wichtig, im Schlafzimmer für ein gutes Feng-Shui für Liebe, Gesundheit und Glück zu sorgen. Hinzu kommt, das sich das Glück, das wir im Schlafzimmer durch guten Schlaf, Gesundheit, Liebe und partnerschaftliche Erfüllung erhalten, auch in allen anderen Lebensbereichen positiv wiederspiegelt. Denn das Familienglück, Ihr Erfolg und alle anderen Glücksrichtungen hängen sehr stark von diesen Glüksenergien ab. Achten Sie deshalb besonders im Schlafzimmer auf ein gutes Feng-Shui und vermeiden Sie die folgenden Schlafzimmer-Tabus: Verzichten Sie möglichst ganz auf Spiegel. Egal, wie schön Sie Ihnen erscheinen, Sie reflektieren negative Energien, die das Beziehungsglück spalten, Liebesglück zerstören, Untreue herbeiführen und schlechtes Feng-Shui für Unglück und Krankheiten verdoppeln. Dies trifft auch auf Fernseher, Computer und vor allem auf Büromaterialien zu. Sie erzeugen materielle Energien, die sich im Schlafbereich äußerst Schädlich auf das Liebesleben und somit auf das Glück der ganzen Familie auswirken können. Deckenbalken, Bücherregale, Wandregale senden giftige Pfeile aus, die sich ebenfalls im Schlafzimmer verheerend auf das Glück aller Anwesenden auswirken können. Achten Sie auf diese Tabus und neutralisieren Sie sie unbedingt mit eigens dafür bestimmten Glücksbringern. Fest eingebaute Spiegel lassen sich sehr gut durch Salzkristall-Lampen, Regenbogenkristalle und Spiegelkristalle in ihrer Wirkung neutralisieren. Glücksbringer hierzu finden Sie auf den Seiten: ● 10, 12, 14, 16, 17, 18, 23, 31, 35, 40, 43, 53, 54, 55, 59, 73, 75, 84

Schlafzimmer-Tabus
Spiegel, Computer, Fernseher, Büromaterialien und ausgesprochene Glücksbringer für Reichtum, Karriere und Erfolg haben im Schlafzimmer nichts verloren. ● 10, 31, 48, 49, 75

Schlechtes Feng-Shui
Schlechtes Feng-Shui steht für ein negatives Schicksal, Krankheiten, Armut und das genaue Gegenteil von Glück. Häufige Unzufriedenheit mit sich und der Welt, Krankheiten, aufeinander folgende Mißgeschicke sind typische Anzeichen dafür, daß sie sich in letzter Zeit in einem Umfeld bewegen, daß überwiegend von schlechtem Feng-Shui beherrscht wird. Schlechtes Feng-Shui sendet sogenannte »Giftige Pfeile«, »Tödlichen Atem« und zahlreiche andere negative Energien aus, die sich in allen Lebensbereichen sehr nachteilig auswirken können. Menschen, die über längere Zeit einem schlechten Feng-Shui ausgesetzt sind, leiden oft an starken Ängsten, Depressionen, chronischen Krankheiten, Schicksalsschlägen und haben das Gefühl im Leben von Unglück und Pech verfolgt zu sein. Feng-Shui Glücksbringer können schlechtes Feng-Shui nachhaltig vertreiben und ihr Leben in kurzer Zeit in Glück tauchen. Glücksbringer hierzu finden Sie auf den Seiten: ● 13, 16, 21, 23, 24, 33, 34, 36, 37, 43, 44, 53, 55, 57, 65, 72, 74, 80

Seelenpartner finden
Einen seelenverwandten Menschen zu treffen, wird in China als großes Glück angesehen. Seelenverwandte haben größtenteils dieselben Interessen, Neigungen und Abneigungen. Körperlich und seelisch ergänzen Sie sich so sehr, daß Ihnen meist immer ein glückliches Miteinander sicher ist. Mit seinem Seelenpartner glücklich zu werden ist recht einfach, ihn zu finden daher um so schwerer. Die Glücksbringer auf diesen Seiten sind Ihnen dabei behilflich: Seiten ● 31, 34, 36, 41, 54, 73

Sha-Chi
So wird die unsichtbare Energie bezeichnet, die im Feng-Shui auch als tödliche Energie, giftige Pfeile oder Todeshauch bekannt ist. Diese Energie hat die Eigenschaft genau jene Energien zu zerstören und aufzulösen, die auf uns Menschen angenehm und glückbringend wirkt. Feng-Shui Glücksbringer haben die Eigenschaft diese negative Sha-Chi-Energie, die sich in den vielfältigsten Formen in allen Lebensbereichen schädlich bemerkbar machen kann, zu vertreiben. Seite 32

Sheng-Chi
Sie ist das Gegenteil von Sha-Chi und beschreibt jene Energien, die wir Menschen als positiv für unser Glück empfinden. Unter ihrer Dominanz finden wir zur Liebe, Gesundheit, Erfüllung und einem glücklichen langen Leben. Feng-Shui Glücksbringer haben die Eigenschaft diese Energie magisch anzuziehen und auf ihren Besitzer zu übertragen. Seite 68

Single
Jeder Mensch ist im Leben hin und wieder ohne Partner. Die einen genießen diese Zeit und andere leiden sehr darunter, und vereinsamen. Ungewollt einsam zu sein, deutet meist immer auf ein negatives Feng-Shui im Herzen oder im Umfeld hin. Denn ein negatives Beziehungs-Feng-Shui schreckt andere sympatische, geeignete Menschen ab und sorgt dafür, daß Betroffene oft über viele Jahre ungewollt alleine sind und vereinsamen. Die Glücksbringer auf den folgenden Seiten sind für Singles, die sich wieder nach einem festen Partner sehnen besonders empfehlenswert: Seiten: ● 25, 27, 31, 32, 45, 64, 79

Soziale Kontakte
Gute Freunde und ein soziales Umfeld in dem sie sich wohl fühlen und verwirklichen können, trägt sehr stark zum privaten Glück bei. Feng-Shui Glücksbringer fördern ein gutes Feng-Shui um zwischenmenschliche Konflikte aller Art lösen und ihr Sozialleben zu festigen. Allerdings sollten sie für sich selbst genau abwägen wie viel ihnen ein großer Bekanntenkreis im Gegensatz zur Familie und Partnerschaft wert ist. Denn Feng-Shui-Glücksbringer, die ihnen zu einem üppigen gesellschafttlichen Leben verhelfen bringen gleichzeitig auch kurzlebige oberflächliche Romanzen und keine tiefen Liebesbeziehungen. Seite ● 33, 96

Spiegel

Vermeiden sie es im Wohn-, Eß- und Schlafzimmer Spiegel aufzuhängen. Sie können das Beziehungsglück empfindlich stören und das ganze Familienglück belasten. Dies gilt besonders dann, wenn es um den Haussegen augenblicklich ohnehin nicht so gut bestellt ist. Im Schlafzimmer können sich die negativen Energien, die durch Spiegel auf das schlafende Paar reflektiert werden, besonders nachteilig auf die Beziehung auswirken und die Ursache für Partnerschaftsprobleme, Streit und Untreue sein. Je größer die Spiegel sind, desto schmerzlicher können die Folgen sein. Verzichten sie in diesen Bereichen möglichst ganz auf Spiegel oder neutralisieren sie deren Energien mit Feng-Shui Glücksbringern. Bitte achten Sie in diesem Zusammenhang auch auf die Schlafzimmer-Tabus (Seite 104) Im Geschäftsbereich haben Spiegel ihre guten Seiten. Sie locken mehr Kunden an und verdoppeln den Gewinn. Besonders im Kassenbereich können Spiegel wahre Wunder bewirken. Seite 57

Spielglück/Lotterieglück

Ohne dieses Glück können Sie im Spiel nicht gewinnen. Wenn Sie leidenschaftlich gerne Spielen, sollten Sie unbedingt Glücksbringer bei sich tragen und in ihrem Umfeld aufstellen, die das Lotterieglück magisch für Sie anziehen. Feng-Shui-Glücksbringer schützen gleichzeitig vor der Spielsucht. Sie sorgen dafür, daß Ihnen die Lust am Spiel vergeht, sobald die eingesetzten Mittel Ihnen innerlich Unruhe verschaffen, weil Sie zu viel zu verlieren drohen. ● 46

Tödlicher Atem

Tödlicher Atem wird durch schlechtes Feng-Shui ausgelöst. Er ist für vielerlei Unglück in allen Lebensbereichen verantwortlich und kann verheerenden Schaden in ihrem Leben und Ihrem Glück anrichten. Tödlicher Atem stellt das genaue Gegenteil von Glück dar, und wird deshalb im Feng-Shui auch als giftiger Pfeil oder Todeshauch bezeichnet. Mit Feng-Shui-Glüksbringern kann tödlicher Atem weitläufig abgelenkt und so stark zerstreut werden, daß er zu schwach ist, um noch Schaden anrichten zu können. Seite 17, 39, 80

Trinität des Glücks

Das Himmelsglück, das irdische Glück und das Menschenglück werden im Feng-Shui in ihrer Gemeinsamkeit als die Trinität des Glücks oder die Dreifaltigkeit des Glücks bezeichnet. Während das Himmelsglück (Seite 110) als ein positives Schicksal angesehen wird, das kaum beeinflußbar ist, kann das irdische Glück und das Menschenglück entschieden durch Feng-Shui-Glücksbringer und Tierkreiszeichenamulette positiv beeinflußt werden. Hierauf baut die Lehre vom Feng-Shui und die gesamte chinesische Astrologie auf. Das irdische Glück kann von jedem Menschen für sich genutzt werden. Das Menschenglück als solches beschreibt das friedliche miteinander, Liebe und die Zufriedenheit aller Menschen auf Erden im Einklang mit der Natur. Seite ● 79

Umgebungs-Feng-Shui

Ein gutes Feng-Shui in Ihrer Umgebung trägt ebenfalls zum Glück bei. Es ist zwar nicht so maßgeblich wie beispielsweise das Feng-Shui zu Hause, oder am Arbeitsplatz, dennoch kann ein negatives Umgebungs-Feng-Shui so intensive Giftpfeile versenden, daß sie davon trotz großer Entfernung getroffen werden. Große Industrieanlagen, Kraftwerke, Überlandleitungen, Mobilfunk-Antennen und verbaute Stadtbereiche ohne Grünanlagen, können negative Energieherde bilden. Schützen sie sich mit Feng-Shui Glücksbringern im Eingangsbereich und bei sich in der Tasche getragen vor negativen Einflüssen ihrer Umgebung. Glücksbringer hierzu finden Sie auf den Seiten: ● 22, 25, 39, 44, 55, 61, 67, 82

Unglücksfälle

Unglück in jeglicher Form erhält seine negative Energie aus schlechtem Feng-Shui und kann sich in allen Lebensbereichen verheerend auswirken. Es verhindert kontinuierlich, daß Sie glücklich werden und sorgt dafür, daß nach kurzen Freudenphasen wieder verstärkt Unglück und längere Pechsträhnen auf Sie zukommen. Nach Feng-Shui ist es denkbar einfach sich mit Glücksbringern vor wiederholtem Unglück zu schützen. Das Geheimnis dafür liegt einfach darin, in sich, für sich und sich herum, ein gutes Feng-Shui zu errichten, in dem unglückbringende Kräfte keinerlei Wirkung haben. Glücksbringer hierzu finden Sie auf den Seiten: ● 13, 14, 16, 19, 21, 23, 24, 26, 32, 34, 36, 43, 51, 53, 57, 60, 61, 65, 74, 78, 79, 102

Unternehmensglück

Dieses Glück verleiht Ihnen ein »Goldenes Händchen«. Es sorgt dafür, daß alles was Sie anpacken zu »Gold« wird und trägt dazu bei, daß Sie das Richtige zum Richtigen Zeitpunkt tun. Ohne dieses Glück werden Sie nie erfolgreich sein, egal wie gut Sie sich vorbereitet haben. Das Unternehmensglück verleiht auch den nötigen Mut um Dinge zu wagen, die sich andere Menschen nicht zutrauen. Feng-Shui Glücksbringer sorgen in diesem Zusammenhang gleichzeitig auch dafür, daß Sie Ihre Unternehmenslust nicht zum Schaden anderer einsetzen. Seiten: 45, 46, 66

Untreue/Treue

Untreue ist eine typische Folge von schlechtem Feng-Shui. Zu viele giftige Pfeile zerstören die Liebe und können auch langjährige Partnerschaften in kurzer Zeit empfindlich erschüttern. Die meisten Beziehungen scheitern an schlechtem Feng-Shui. Feng-Shui-Glücksbringer schützen davor und stärken die positiven Glüksgefühle füreinander. Das entzieht dem Bedürfnis zu Untreue den Boden und erfüllt das gemeinsame Liebes-Feng-Shui mit neuer Kraft für steigendes Interesse, Leidenschaft, Offenheit und Harmonie. Glücksbringer hierzu finden Sie auf Seite: ● 11,15,16,31,36, 40, 43, 59, 103

Unvorteilhafte Einrichtungsgegenstände

Um sich vor schlechtem Feng-Shui zu schützen, ist es sinnvoll Ihre Umgebung auf negative Energiequellen zu untersuchen. Im Glücksbringer-Feng-Shui gelten einige Dinge, die Sie beachten sollten. Mit wenigen Handgriffen und einigen Glücksbringern am richtigen Platz, können Sie Ihre Wohnatmosphäre und Ihre Lebensqualität erheblich verbessern. Folgende Gegenstände gelten im Feng-Shui als unvorteilhaft - Vor ihnen sollten Sie sich mit Hilfe von Glüksbringern besonders schützen. Hierzu zählen vor allem schafkantige Balken, Deckenbalken, Regale und Möbelstücke, großflächige Spiegel, eckige Säulen, Treppen in der Hausmitte und sichtbare Abfluß- bzw. Versorgungsrohre. Seiten: 28, 57, 72, 77

Verhandlungsglück

Von diesem Glück hängt ab, ob Sie sich deutlich ausdrücken können, respektiert werden und erreichen was Sie möchten. Das Verhandlungsgeschick hat weniger etwas mit knallharten Rechnen zu tun als viel mehr mit Charme, Emotionen und den richtigen Worten zum richtigen Zeitpunkt. Machen Sie von diesen Glücksbringern Gebrauch, wenn Sie zu Verhandlungen gehen. Dies trifft auch auf Gerichtsverhandlungen zu. Denn Recht haben und Recht bekommen sind nicht das selbe. Feng-Shui Glücksbringer können erheblich zu mehr Verhandlungsglück beitragen und sorgen dafür, daß Sie Ihr Recht nicht verlieren. Seiten 48,66

Vorgänger-Feng-Shui

Überall wo Sie sich hin begeben ist bereits ein Feng-Shui vorhanden. Ob Sie in eine neue Wohnung einziehen, einen neuen Arbeitsplatz einnehmen, oder auf eine Party gehen, Sie sind stets von einem Umfeld umgeben, das von Menschen mit geprägt wurde, die vor Ihnen dort waren. Egal ob Ihre Vorgänger positive oder negative Energien hinterlassen haben. Für Sie kann sich ein Feng-Shui, das für Ihren Vorgänger positiv war sehr negativ auswirken. Schützen Sie sich davor und stellen Sie überall dort, wo Sie einen Neubeginn wagen, Glücksbringer zum Neutralisieren von Vorgänger-Feng-Shui auf. Im Alltag empfiehlt es sich, stets derartige Glücksbringer bei sich zu tragen um Ihr Umfeld in gutes Feng-Shui zu optimieren. Seite 72

Wohlstand

Ihr Glück für Wohlstand und Reichtum kann im Geschäftsleben am Besten in Erfüllung gehen. Denn Wohlstandsfördernde Energien alleine machen nicht reich, sondern erst das aufeindandertreffen von Geld und Wohlstandsglück zum richtigen Zeitpunkt, sorgt dafür, daß sie wohlhabend werden. Feng-Shui-Glücksbringer tragen zu einem wohlstandsförderndem Feng-Shui bei und sorgen dafür, daß sie zum richtigen Zeitpunkt das richtige Erkennen und tun. Glücksbringer hierzu finden Sie auf den Seiten: ● 12, 18, 27, 36, 38, 40, 41, 43, 45, 46, 48, 49, 55, 56, 60, 62, 65, 66, 71, 72, 86, 91, 101

Wohnzimmer/Familienraum

In China ist ein Raum in dem die Familie regelmäßig zusammenkommt äußerst wichtig. Traditionellen chinesischen Bauweisen zufolge ist dieser Raum meist der Mittelpunkt der Wohnung, worin alle Angehörigen die meiste Zeit miteinander verbringen. Meist ist dieser Raum gleichzeitig Wohn- und Eßzimmer zugleich. Schützen sie diese Bereiche mit Feng-Shui Glücksbringern vor Unglück und stellen sie zahlreiche Glücksbringer zur Verbesserung der verschiedensten Glücksrichtungen auf. Glücksbringer hierzu finden Sie auf den Seiten: ● 16, 19, 30, 33, 39, 53, 58, 59, 75, 83

Wünsche und Träume erfüllen

Erfüllte Wünsche und Träume sind ein wichter Bestandteil des persönlichen Glücks. Sie sind die Sahnehäubche eines glücklichen langen Lebens. Unerfüllte Wünsche sind im Gegensatz dazu die Samen für Kummer, Unzufriedenheit, nagenden Sehnsüchten und Krankheiten. Sorgen Sie dafür, daß sich Ihre Träume verwirklichen und Ihr Leben erfüllt. Die Glücksbringer auf den folgenden Seiten sind Ihnen dabei behilflich: Seiten: ● 70, 71, 79, 80, 85, 102

Yang-Energien

Als Yang-Energien werden im Feng-Shui und in der traditionellen chinesischen Medizin jene Energien bezeichnet, die für die Lebendigkeit, die Liebe, das Wachstum, die Evolution und für alle Arten von Aktivität verantwortlich sind. Yang-Energien sind im Gegensatz zu Yin-Energien, pure Lebensenergien, die sich in allen Lebensbereichen heilend und wachstumsfördernd auswirken. Yang-Energien bringen Lebendigkeit und Freude in jede Lebensform. Zu viel Yang sorgt für Agressivität, überschäumendes Temperament, starke innere Unruhe, Gereiztheit, Stress und überhöhte körperliche und geistige Anspannung. Feng-Shui-Glücksbringer sorgen für ein Gleichgewicht zwischen Yin und Yang. Seiten: 44, 45, 77

Yin-Energien

Als Yin-Energien werden im Feng-Shui und in der traditionellen chinesischen Medizin jene Energien bezeichnet, die für Ruhe, Stille und für alle Arten von Passivität verantwortlich sind. Im Gegensatz zu Yang-Energien sind Yin-Energien Evolutions- und Lebenshemmende Energien, die sich in allen Lebensbereichen temperamentzügelnd, liebeshemmend, beruhigend, entspannend und schlaffördernd auswirken. Yin-Energien bringen angenehme Ruhe in jede Lebensform. Vermehrte Yin-Energien sind typische Auslöser von Depressionen, Niedergeschlagenheit, Kreislaufschwäche, Lustlosigkeit und Passivität. Feng-Shui-Glücksbringer sorgen für ein Gleichgewicht zwischen Yin und Yang. Seiten: 44, 63, 77

Yin und Yang

In der Vereinigung von Ying- und Yang-Energien liegt ein Spielraum der goldenen Mitte worin der Schlüssel zu unendlichem Glück liegt. Zahlreiche asiatische Lehren, Feng-Shui und aber auch die traditionelle chinesische Medizin basieren auf dem Gleichgewicht dieser beiden gegensätzlichen und sich gleichzeitig ergänzenden Energien. Im Feng-Shui geht es darum, sich überwiegend durch die Hilfe bestimmter Glüksbringer auf der für sich selbst glückbringenderen Seite zu halten. Glücksbringer hierzu finden Sie auf den Seiten: ● 40, 54, 59, 54, 75, 77

Glücksdelfine aus Rosenquarz, Amethyst und Bergkristall. Siehe auch Seite 73

Buddha für Liebesglück Seite 103